문해력
격차

# 문해력 격차

## 읽지 않는 아이는 어떻게 읽지 못하는 어른이 되는가

김지원
민정홍
지음

어크로스

## 저자의 말

내가 변하기 시작했다. 확실히 어휘력도 줄었다. 단어가 입안에서 뱅뱅 돌고 가끔은 사람 이름도 잘 생각나지 않았다. 뭔가를 하려고 했다가도 '내가 뭘 하려고 했더라?' 하며 집중력도 금방 흩어지곤 했다.

나뿐만이 아니다. 학창 시절에 책깨나 읽었다는 사람 중에도 "나도!"라며 동의하는 이들이 꽤 많다. 소위 "국어는 공부 안 해도 시험 잘 봤지!"라며 으스대던 '태생부터 문과'인 사람이나, 언론사 입사를 준비하며 긴 글을 읽고 쓰는 훈련을 오랫동안 해온 지인들도 자신 역시 그렇다고 입을 모은다. 예전보다 책도 잘 읽히지 않고 말과 글에 대한 이해력이나 집중력 같은 것들이 과거에 비해 현저히 떨어진 것 같아 영 어리둥절하고 낯설다는 고민을 쏟아낸다.

처음에는 나이가 들어서 그런가 보다 짐작했다. '나이 들면 깜빡깜빡 한다잖아. 자연스러운 현상이야'라고 애써 변명하다가 빈도가 늘어나니 쉽게 넘기기에는 문득 무서워졌다. '아직 내가 그럴 나이는 아니지 않나? 100세 시대에 80대는커녕 60대도 아닌데, 이 정도여도 괜찮은 건가?' 쭈뼛 머리털이 곤두서며 긴장이 되었다.

보직이 바뀌어 회사에서 운영하는 유튜브 채널 중 하나를 담당한 적이 있다. 서둘러 개편안을 짜야 해서 퇴근 후 잠들기 전에도 침대에 누워 유튜브 콘텐츠를 찾아보곤 했다. 경쟁 채널을 분석하기 위해 봤는데, 생각보다 재밌는 콘텐츠가 많았다. 2~3일 정도 채널들을 탐방한 후, 여느 때처럼 잠자기 전 웹툰을 보려고 스마트폰을 열었을 때였다.

아뿔싸, 웹툰이 읽히지가 않았다. 움직이지 않는 이미지가 너무나 지루했고, 전에는 흥미진진했던 대사와 스토리텔링마저 따분하게 느껴졌다. 원래 유튜브를 즐겨 보지 않는 데다 보더라도 업무에 필요한 영상을 사무실에서 보는 정도였는데도 한번 유튜브 영상에 심취해서 잠들기 전 2~3시간 정도를 3일 이상 연달아

보고 나자 활자가 지루하게 느껴졌던 것이다. 심지어 글자 수가 많지 않은 웹툰이었는데도 말이다.

다들 이런 경험이 있을 것이다. 원인이 무엇인지 명확하게 알 수는 없지만, 뭔가 달라지고 있다는 막연한 불안함. 모두가 느끼고 있었지만 그게 무엇인지 정확히 말하지는 못했던 존재, 바로 문해력 저하의 신호였다.

2018년부터 학교 현장을 취재하며 인간의 삶에 긴요한 '문해력'이라는 능력을 알게 되었다. 〈다큐프라임 다시, 학교〉, 〈당신의 문해력〉, 〈문해력 유치원〉, 〈당신의 문해력 플러스〉, 〈책맹인류〉 등의 문해력 시리즈를 제작·방송하면서 유아부터 초중고생, 대학생과 성인의 문해력을 취재하고 국내외 주요 연구와 실험, 교육 정책들을 정말 열심히 공부했다. 문해력 하락에 대응할 해결책을 찾고 싶어서 학생 및 교사들과 직접 프로젝트를 진행하면서 현실에 적용해보기도 했다. 무엇보다 현재를, 지금 우리의 상태를 정확하게 보고자 했다.

흔히 문해력이 좋아야 성적을 잘 받을 수 있다고 말한다. 하지만 문해력이 정말 중요한 이유는, 인간의 자존감에 지대한 영향을 끼치며 인간다운 삶을 누릴 수 있게 해주는 능력이기 때문이다. 문해력은 자신의 의사를 표현하거나 타인과 소통하고자 할 때, 또는 무언가를 배우고 세상을 알고자 할 때 필수적인 능력이다. 인간은 문해력 없이는 문명사회에서 살아갈 수 없다.

문해력 관련 프로그램을 여러 편 제작한 이유도 여기에 있다. 평생에 걸쳐 우리 삶에 영향을 끼치는 중요한 능력임에도 우리는 이제까지 그 능력의 차이가 개인의 특성과 책임에 달렸다고 생각해왔다. 때문에 아주 어렸을 때부터 성인이 될 때까지 서서히, 그러나 점점 가속화하면서 벌어지는 문해력의 '격차' 또한 오롯이 개인이 해결해야 할 문제로 치부했다. 문해력이 어떤 특징을 가졌는지, 잘못된 상식이 문해력 격차를 더 벌어지게 하고 있는 건 아닌지, 어떻게 해야 그 격차를 줄일 수 있는지 누구도 알려주거나 도와주지 않으면서 말이다.

〈당신의 문해력〉이 방송된 이후, 문해력은 우리 사회에 중요한 어젠다가 되었다. 제작진이 만든 성인 문해력 테스트에는 50만 명 이상이 참여했고(지금까지 70만 명이 넘었다), 언론에서도 문해력을 집중적으로 다루었다. 또한 교육계와 출판계에서도 문해력은 단연 화두가 되었으며, 이제는 누구도 부정하지 못하는 일상적인 단어로 자리 잡았다.

이 책에는 7년 가까운 시간 동안 여러 프로그램을 제작하며 공부해온 수백 편의 논문과 보고서, 통계 자료, 기사 등을 정리한 내용과, 실제 현장에서 취재한 생생한 경험담, 프로젝트를 통해 확인한 구체적인 대안을 두루 담았다. 이론과 실제를 망라해 누구나 쉽게 이해할 수 있도록 구체적으로 서술했다. 무엇보다도 문해력 격차라는 문제를 개인이 홀로 감당해야 하는 것이 아니라 사회적 관점에서 바라보고 대안을 제시하고자 했다.

문해력이 왜 필요하냐고, 뭐가 그렇게 중요하냐고 묻는 사람들에게 나는 문해력이란 한 개인의 문제만이 아니라고 이야기한다. 문해력이 무너지면 더 이상 타인과 소통하기가 어려워지기 때문이다. 타인을 이해하고 협력하며 공통의 의제에 대해 치열하게 토론하는 것도 불가능해진다. 그렇기에 개인의 문제일 뿐만 아니라 사회 전체의 문제가 될 수밖에 없다. 한편으로는 공동의 문제이기 이전에 정말 내 삶의 중요한 시기마다 운명을 바꾸는 중요한 추가 되기도 한다.

문해력 하락은 독서율 하락과 함께 전 세계적 고민이며, 이는 앞으로 더 악화될 가능성이 농후하다. 지금 이 순간에도 우리 사회에는 문해력이 충분치 못해 고통스럽게 살아가는 수많은 사람이 있다. 그들은 읽는 것이 왜 이렇게 어려운지, 타인의 말을 알아듣지 못하는 것이 얼마나 당혹스러운 일인지, 누구에게도 토로하지 못하고 혼자 가슴앓이한다.

　글을 읽고 이해하는 능력은 인간을 성장시키는 소중한 자산이자, 사회경제적 격차를 좁힐 수 있는 거의 유일한 힘이다. 빠르게 변하는 세상에서 나를 지킬 수 있는 가장 강력한 무기다. 분명하게 말할 수 있는 것은 문해력에 대해 보다 깊이 이해하고 관심을 가질 때 문해력 하락 속도를 늦출 수 있으며 나의 성장 또한 가능하리라는 것이다. 뿐만 아니라 사회적 문제이기에 내 문해력이 성장할 때 우리 사회 또한 더 나아질 수 있다.

　날로 변하는 자신이 불안했다면, 자신의 문제를 해결할 원인과 방법을 알고 싶었다면, 이 책을 통해 문해력에 대한 불안과 고민을 내려놓고 앞으로 나아갈 수 있다는 희망을 갖게 되길 바란다. 나는 이미 찾았다.

2025년 봄
저자를 대표하여
김지원

## 차례

저자의 말 · 4
프롤로그 | 읽기가 사라진 시대 · 17

### 1부
## 문해력 격차는 어떻게 만들어지는가

### 1 누구나 읽을 수 있다는 환상 · 35
이걸 어떻게 읽어요 · 읽지 못하는 사람들 · 읽기는 생존에 필수적이다 · VWFA 실험이 보여준 충격적인 사실 · 협업하지 않는 뇌는 읽을 수 없다 · 읽기가 어려워진다는 것은 생존이 위협받는다는 것

### 2 빨리, 많이 읽기를 재촉하는 사회 · 53
매직아이로 속독을 배우다 · 속독은 어떻게 선망의 대상이 되었을까 · 빠르게, 많이 읽고 싶다는 욕망 · 1분에 1만 단어를 읽는 슈퍼 속독가의 비결 · 안구 도약, 빠르게 읽기의 핵심 · 빠르게 읽기는 얼마나 효율적일까 · 속독을 외치며 우리가 놓친 것들

### 3 쉽게 간과하는 문해력의 본질, 빈익빈 부익부 · 79
어디 영유 다녀요? · 속도 경쟁 속에 무시되는 개인차 · 문해력에서도 벌어지는 '빈익빈 부익부' 현상 · 초등 교과서를 읽는 직장인 · 왜 우리는 격차를 내버려두나 · 평균 이하의 아이가 문해력을 회복하기까지

### 4 '책 읽기는 재미없어요'라는 말에 숨겨진 진실 · 101

오늘 하루 몇 글자나 읽었나요 · 디지털로 열심히 읽은 아이들의 반전 · 집중력 전쟁 · 책 한 권을 완독한 적 없는 아이비리그 학생 · 스마트폰보다 독서가 재미있어지려면

### 5 소리 내어 읽기를 무시한 대가 · 121

나, 난독증인가? · 'ㅏ'와 'ㅓ'를 구분 못하는 아이들 · 음운 인식 능력이 난독증을 좌우한다 · 읽기의 출발이자 핵심, 소릿값 · 뇌 실험으로 밝혀낸 소릿값과 읽기 자동화의 관계 · '한국인만 읽을 수 있는 후기'의 비밀 · 소릿값을 놓고 벌어진 '읽기 전쟁' · 읽기 유창성을 키우는 방법

### 6 유튜브로 배운 지식, 뇌는 차이를 알고 있다 · 147

책 한 권, 10분 만에 읽어드립니다 · 오디오와 동영상이 이해가 잘되는 까닭 · 《나무를 심은 사람》 그림이 알려주는 사실 · 학습에 꼭 필요한 '바람직한 어려움' · '디지털 기억상실'을 막는 법

### 7 배경지식보다 질문이 중요하다는 착각 · 167

질문 만능 시대 · 활동형 수업이 놓치고 있던 것들 · 배경지식보다 질문이 더 중요하다는 착각 · 읽기 능력이 높은데 왜 읽지 못할까 · 제목 없는 글 읽기 실험 · 거짓말하는 AI와의 승부

**8 어휘 격차가 불러온 심각한 현실** • **189**

'영전'하심에 '심심한 사과'를 드립니다 • 세계를 이해하는 무기, 어휘력 • '어휘 격차'의 무서운 현실 • 중학생 10명 중 9명이 어휘력 부족 • 공감과 소통을 위한 도구

## 2부
## 문해력 격차를 이기는 6가지 키워드

**9 동기: '읽어야 한다'가 '읽고 싶다'로 바뀌는 순간** • **211**

"책 많이 읽어야 서울대 간대요" • 쓸모 있는 독서에 대한 강박 • 책 읽기를 '쿨하게' 만든 영국의 읽기 전략 • 문해력을 높이는 독서법

**10 보상: 무엇을 주는 게 가장 효과적일까** • **223**

'리딩 스타'를 찾습니다 • 보상과 경쟁이 불러온 결과 • 독서 명문 학교의 특별한 보상 시스템 • 지루한 독서를 견디게 해준 한마디 • 진정한 리딩 스타의 탄생

**11 레벨: 난이도가 아닌 자존감을 올려라** • **235**

상처 입은 자존심이 독해 실패를 부른다 • 권장 도서의 배신 • 내게 맞는 책을 찾으려면

**12 상호작용: 문해력은 홀로 만들어지지 않는다** • *245*

'아빠'만 말하는 22개월 아이 • 유아기 문해력이 자라는 비밀 • 문해력 발달의 핵심 코드


**13 디지털 문해력: 정보 과잉 시대의 강력한 무기** • *253*

한국인이 가장 취약한 읽기 영역 • 비판적 문해력을 기르는 체크리스트


**14 사회적 독서: 함께 읽기의 힘** • *265*

게임에 빠진 중학생들의 책 읽기 미션 • 세계적 흐름이 된 사회적 독서 • 실험으로 증명된 함께 읽기의 효과 • 이해도를 높이고 싶다면 협동하며 읽어라 • 우리는 연결되어 있다


**에필로그 | 누구나 읽고 이해하고 소통하는 세상을 위해** • *277*

주 • *287*

"문해력은 가장 위대한 시민의 권리다.
읽지 못한다면, 우리는 우리 사회의 어떤 것에도
접근하지 못한다."

— 카림 위버(미국의 교사이자 교육운동가),
다큐멘터리 〈읽을 수 있는 권리 The Right to Read〉 중에서

**일러두기**
이 책에 실린 사례에 등장하는 인물의 이름은 모두 가명이다.

## 프롤로그

# 읽기가 사라진 시대

### 가제는 랍스터가 아니다

 교사가 열정적으로 수업하는 모습을 지켜보는 것은 언제나 즐거운 일이다. 카메라가 여러 대 돌고 있어 조금 긴장한 듯 보였지만, 교사는 준비한 내용을 더욱 적극적으로 설명하며 수업을 이끌어가고 있었다. 처음에는 카메라를 의식하던 학생들도 점점 제작진과 카메라에 신경을 빼앗기지 않고 편하게 행동했다.
 EBS 다큐멘터리 〈당신의 문해력〉을 제작하며 요즘 학생들의 문해력 실태를 알아보기 위해 한 고등학교를 찾았다. 평범한 일반고의 일상적인 수업 시간이었다. 교사는 교과서 속 내용을 열심히 설명하면서 학생들에게 잘 모르는 단어가 나오면 알려달라고 요청했다. 기득권, 위화감, 양분, 구김살, 차등, 직인, 평론 등 학생들이 모르겠다고 외친 교과서 속 단어들이 하나둘 칠판에 적혔다. 그리고 한 학생이 말했다.

"가제 몰라요."

교사가 물었다. "가제가 무슨 뜻인지 아는 사람?"

한 학생이 손을 들고 소리쳤다. "랍스터요."

학생들이 웃었고 나도 웃어보려 했다. 웃기려고 한 얘기일 거라 생각하면서도 찜찜한 기분이 들었다. 수업이 끝나고 몇몇 학생들과 인터뷰를 진행하면서 '가제'의 정확한 뜻을 아는지 물어보았다. 고등학교 2학년 학생 12명 가운데 2명이 안다고 대답했다. 잘 모르겠다는 답변도 있었지만 "처음 들었다"는 친구도 있었다. 충격이었다. 촬영을 마치고 오는 차 안에서 머리가 복잡했다. '가제'가 고등학교 2학년도 모를 만큼 낯설고 어려운 단어였던가?

또 다른 고등학교에서의 일이다. 그 학교에서는 학생들과 스피드 퀴즈를 진행했다. 스케치북을 넘기면 새로운 단어가 나오고 한 사람이 다른 사람에게 그 단어를 설명하고 맞히는, 우리가 흔히 알고 있는 게임이었다. 대부분 중학교 3학년 교과서에 나오는 단어들을 문제로 냈지만, 잘 맞히는 학생들도 있고 그렇지 못한 학생들도 있었다. 그러다 '글피'라는 단어가 나왔다. 그 단어를 본고2 학생은 고개를 갸웃하더니 멈칫했다. 촬영을 마치고 10명이 넘는 학생들에게 '글피'라는 단어를 아느냐고 물어보았다. 안다고 답한 학생은 단 한 명이었다. 처음 듣는다는 학생들도 꽤 있었다. '글피'는 순우리말이긴 해도 어려운 단어는 아니다. 일상에서 자주 쓰지는 않더라도 고2쯤 된다면 처음 들을 법한 단어는 아닌 것이다.

2020년 8월, 광복절을 대신해 그다음 주 월요일이 대체공휴일로 선포되어 '사흘 연휴'가 생겼다. 이날 하루 종일 인터넷 포털 사이트에는 '사흘'이라는 단어가 실시간 검색어 목록에 올라 있었다. 사흘이 3일인지, 4일인지 묻는 사람들이 숱했다. 인터넷 커뮤니티에는 '4흘'이니까 4일 아니냐고 되묻는 사람들도 있었다. '3일'이라고 하면 누구나 알아들을 것을 왜 '사흘'이라는 어려운 단어를 쓰냐는 의견도 있었다. '사흘'도 '글피'도 모르면 우리에게는 '3일'이라는 표현밖에 남지 않는다.

## 초1 교실에서 벌어지는 문해력 격차

새 학기를 맞이한 초등학교 1학년 교실은 역동적이다. 새로운 질서에 적응하기 시작하는 단계라 예상치 못한 일들이 벌어지기도 한다. 같은 1학년이라지만 아이들마다 할 수 있고 없는 것들은 꽤 차이가 난다. 그래서 선생님들은 "한 학년 안에도 아이들 사이에 격차가 크다"고 말한다. 읽기나 쓰기의 결과물을 봐도 그런 상황은 분명하다. 한글 읽고 쓰기는 초등학교 1학년의 교육과정이지만, 실제 교실을 들여다보면 이미 읽고 쓰기가 가능한 아이들도 있고 전혀 못하는 아이들도 있다. 하지만 입학 초기에는 차이가 있어도 문제가 될 정도는 아니다. 1학년 초에 한글 읽기와 쓰기를 가르치면 금세 익히는 아이들이 대부분이고 1학년 교과과정은 기초적인 내용에 중점을 두기 때문에 크게 어렵지 않아 '쟤는 읽는데 나는 못 읽네'라고 생각하며 기죽는 아이들도 별로 없다.

문제는 한글을 배우고 난 뒤에도 글을 읽고 쓰는 걸 잘 못 하는 아이들이 점점 늘고 있다는 것이다. 지역별 편차는 있겠으나, 초등학교 교사들의 이야기에 따르면 과거 한 반에 읽고 쓰기를 못하는 아이들이 2~3명 정도였다면 현재는 5~6명 정도로 늘었다고 한다. 또한 글자를 읽을 수는 있지만 자음과 모음의 소릿값(음가)은 모르는 아이들이 늘어나는 추세다. 한국의 교육과정에서는 초등학교 3학년이 되면 과목의 구분이 명확해지고, 교과서 내에 글자 수도 많아진다. 사람들은 당연히 이 또래 아이들이 글자를 다 떼서 혼자 교과서를 읽고 이해할 수 있을 거라고 생각한다. 다행히도 많은 아이들이 글자를 읽을 수 있지만, 문제는 글자를 다 뗀 것으로 보이는데도 글을 읽을 때 정확하고 유창하게 읽지 못하거나, 읽어도 내용을 이해하지 못하는 아이들이 있다는 것이다. 글자를 읽고 쓰는지(문맹) 여부와 글을 읽고 이해하는지(문해력) 여부는 분명히 다르다. 문맹은 아니지만 문해력이 부족한 아이들에게 교과서는 거대하고 두툼한 백지 뭉치와 같다.

읽는 방법을 배우는 것은 이제 아이들만의 일이 아니다. 최근에는 소위 '문해력 학원'이나 '독서 학원'이라고 불리는 사설 교육업체에 다니는 성인들도 많이 늘었고, 성인들을 위한 문해력 교재와 책도 다양한 종류로 출간되었다. "도무지 글 읽기가 안 된다"며 학원까지 등록한 성인들은 20대부터 40대까지 연령대도 다양한 편인데, 그들은 학원에서 주 1~2회 수업을 받으며 어휘와 여러 종류의 글 읽는 법 등을 배운다. 취재 중에 만난 30대 직장인은 "대학생 때까지는 안 그랬는데 지금은 왜 이렇게 안 읽히는지 모르겠다"며 "요새는 업무 메일을 받는 것도 너무 두렵고 보고서를 읽고 새로운 문서를 작성하라는 지시를 받으면 시작하기도 전에 식은땀이 난다. 회사 다니는 게 점점 더 힘들다"고 답답함을 토로했다. 초등학생부터 성인까지, 읽고 쓰는 일은 전 세대에 걸쳐 큰 고민거리가 되었다.

## 습관처럼 소리 없이 떨어지는 문해력

2021년 〈당신의 문해력〉이 방송된 이후, 우리 사회에서 '문해력'은 누구나 아는 보통명사가 되었다. 많은 사람이 암암리에 느끼고 있던 공포와 불안의 존재가 바로 문해력임을 깨달았기 때문이다. 우리의 문해력은 왜 문제가 된 걸까? 어느 날 갑자기 벌어진 문제인 걸까?

읽기, 언어, 난독증에 대해서 40년 넘게 연구하며 미국의 읽기 교육에 큰 영향을 끼친 언어심리학자 마크 세이덴버그Mark Seidenberg[1] 교수는 이에 대해 분명히 말한다.

"지난 10~15년 동안 복잡하고 긴 텍스트를 읽는 것에 어려움을 겪는 사람들이 더욱 늘어났습니다. 과거에는 읽는 법을 제대로 배우지 못해서였다면, 지금은 사람들의 관심을 사로잡는 다른 것들이 많이 생겼기 때문입니다. 이제 읽지 않는 현상, 읽지 못하는 현상은 사회적이고 문화적인 문제입니다."

문해력 하락은 한국만의 문제도 아니며, 전 세계의 인류가 공통적으로 겪고 있는 사회구조적인 변화의 결과라는 것이다.

2023년 국민독서실태조사 결과, 한국의 성인 중 1년 동안 책을 한 권이라도 읽은 사람은 43%에 불과했다. 절반 이상의 성인이 1년간 책을 단 한 권도 읽지 않은 것이다.[2] 또한 책을 읽은 양을 보면 종이책과 전자책, 오디오북을 다 합쳐서 3.9권이었고, 종이책만 보면 1.7권에 불과했다. 문제집이 아닌 단행본을 출판하는 주요 출판사 21개사의 매출액 규모는 총 4300억 원[3]이었는데, 한국의 주류 시장이 전체 10조 원 규모에 이르고 그중 막걸리 시장의 규모가 5000억 원임[4]을 고려하면 우리의 출판 시장 규모는 너무나 소박해 보인다.

책에 대한 수요는 급격히 줄어들고 있지만 유튜브 이용률은 전 세대에 걸쳐 무척 빠른 속도로 늘고 있다. 특히 60대 이상에서 유튜브 시청은 책과 신문, TV 등의 다른 매체를 압도하는 수준이 되었다. 인터뷰 중에 만난 80대 어르신은 "나는 책이 필요 없어. 강의도 있고 건강에 대한 내용도 다 있고, 봐도 봐도 끝도 없을 만큼 유튜브에 다 있는데 책을 왜 봐"라고 했다. 바야흐로 '책맹冊盲[5]의 시대'가 본격화되었고, 문해력 하락은 전 연령대에서 조용하게 습관처럼 일어나고 있다.

전국 29개교 2405명의 중학교 3학년 학생들을 대상으로 한 문해력 테스트를 보면서 느낀 당혹감은 지금까지도 쉽게 잊히지 않는다. 테스트에 응한 학생들의 반응을 현장에서 보면서 결과가 좋지 않으리라는 것은 쉽게 예상할 수 있었다. 진지하게 문제를 읽고 푸는 아이들도 많았지만, '어렵고 힘들다'는 반응을 보이는 아이들이 더 많았기 때문이다.

하지만 정작 당혹스러웠던 것은 테스트에 임한 아이들의 한숨 소리였다. 어휘력, 추론 능력, 비판적 사고력 등 다양한 영역을 측정하기 위한 글을 읽고 총 35개 문항을 50분 동안 푸는 것이 물론 쉬운 일은 아니다. 하지만 테스트용 문제지를 펼치는 순간부터 교실에는 한숨 소리가 넘쳤다. 이내 "글이 너무 길어요", "문제가 너무 많아요", "이거 꼭 다 해야 해요?" 등 불만 가득한 항의가 이어졌다. 비어 있는 OMR 카드를 두고 먼 산을 보거나 대충 찍고 엎드려 자는 아이들에게 다가가 부탁을 하기도 했다. 학교 시험도 아닌 문해력 테스트에 집중해야 할 이유가 없다는 것도 잘 알고 있었지만, 하나라도 더 제대로 된 데이터를 얻고 싶었던 나는 "조금이라도 해보자. 하면 좋은 경험이 될 거야" 같은 말을 건네거나 애원하며 학생들을 다독였다.

놀라움은 시험 이후에도 이어졌다. 시험 중에 받은 아이들의 항의와 무관심보다 더욱 충격적이었던 것은 시험 후에 아이들이 내게 말해준 솔직한 마음이었다.

"이렇게 긴 글을 많이 읽고 시험을 본 건 처음이에요."

"읽는 게 너무 귀찮아요."

교육과정 개편으로 학교에서 시험을 보는 시기가 늦어졌고 횟수도 줄었다는 것은 알고 있었지만, 시험에 대한 경험이 적고 그로 인해 테스트에 임하는 방법이나 방식을 중학교 3학년이 잘 모른다는 것 또한 매우 놀라운 일이었다. 허나 '읽기가 귀찮다'는 반응은 전혀 예상하지 못한 것이었다. '시험 보는 게 귀찮다'도 아니고 '읽기가 귀찮다'라니……. 글을 읽고 이해하는 것이 어려울 수도 있겠다고 생각은 했지만, 쳐다보기만 해도 머리 아프고 귀찮은 일이 되어버렸다는 것은 실로 커다란 충격이었다. 과연 읽는다는 것은 무엇이고, 어떤 의미가 있는 것일까? 진짜로 필요 없는 것이 되어버린 것일까? 머릿속이 복잡했다. 대체 우리에게 무슨 일이 일어나고 있는 걸까?

## 읽지 않아도 살 수 있는 시대?

문해력을 흔히 '글을 읽고 이해하는 능력'이라고 간단하게 설명하곤 하지만, 사실 문해력에는 훨씬 넓고 심오한 의미가 담겨 있다. OECD에서는 '문해력literacy'을 '일상적인 활동이나 가정, 일터 및 지역사회에서 문서화된 정보를 이해하고 활용할 수 있는 능력'이라고 정의하고 있다. 문해력은 글이나 문서를 매개로 한 것이라면 여러 다양한 매체에 적용할 수 있으며, 이해를 넘어서 직접 쓰고 전달하고 의견을 나누는 것에도 해당된다. 나아가 타인의 정보와 생각, 의도, 감정을 이해하고 이를 바탕으로 타인과 소통하는 데 있어 기본이 되는 능력이고, 또한 자신의 생각과 감정을 표현하는 능력이라고 할 수 있다.

작금의 시대에는 타인의 생각과 정보를 접하고 이를 통해 영감을 얻는 일이 꼭 활자로서만 가능한 것은 아니다. 다른 매체로도 가능하다. 한국의 스마트폰 보유율은 94.8%[6]로 세계에서 가장 높은 편이다. 스마트폰 하나만 손에 들고 있으면 다양한 정보를 검색해서 읽을 수도 있고 유튜브를 비롯한 영상으로 볼 수도 있으며, 다른 이들이 업로드하는 소식과 트렌드를 확인할 수도 있는 등 정말 많은 것들을 할 수 있다. 그러다 보니 우리의 읽기 능력에 영향을 끼치는 읽기 습관에도 변화가 일어났다.

　인터넷으로 정보를 찾을 때 우리의 모습은 어떨까? 사람들에게 "꼭 책이 아니더라도 인터넷 검색을 하고 정보를 찾으면서 글 읽기를 여전히 많이 하지 않느냐"고 물었더니 "검색은 많이 하지만 글을 읽는 양이 많지는 않다"는 대답이 돌아왔다. 검색 결과는 대개 첫째 줄만 읽어보고 판단하곤 하니까 실질적으로 많이 읽지는 않는다는 것이었다. 뉴스 기사를 읽더라도 헤드라인 한 줄만 보고 판단하고 그나마 흥미로우면 2~3줄의 부제목을 읽는 정도에 그쳐서, 정작 기사 내용을 다 읽지 않는 경우가 훨씬 많다고 했다. 이런 경향을 반영해서인지 최근 인터넷 뉴스 기사는 제목 다음에 '3줄 요약', 'AI 요약' 등 요약한 기사 내용이 먼저 있고 그 아래 기사 본문이 배치되는 식으로 구성된다. 과연 이는 우리를 돕기 위한 서비스가 맞을까? 편리함을 취하면서 무언가를 잃고 있는 것이 아닌가 하는 우려는 괜한 생각일까?

## 우리도 아이언맨이 될 수 있을까

　영화 〈아이언맨〉 시리즈에 나오는 아이언맨의 비서 자비스는

AI(인공지능)다. 어마어마하게 많고 복잡한 계산을 순식간에 해치우는 능력과 수많은 데이터를 검색해 다양하고 완벽한 답을 찾는 능력을 갖춘 것은 물론, 다른 아이언맨 슈트를 디자인하고 만들고 작동시키는 능력도 갖췄다. 주인공인 토니 스타크의 다양한 질문에 해결 방안이나 대안을 제시하기도 하고, 그가 필요로 할 만한 것들을 예측하여 준비해준다. 또 토니 스타크와 다양한 주제로 대화를 나누고 때로는 유머러스하게 돌려 말하며 토니를 놀리기도 한다. 만약 나에게도 자비스가 있다면 나도 아이언맨이 될 수 있을 것 같다는 생각도 든다. 그러나 정말 자비스만 있으면 누구나 아이언맨이 될 수 있을까?

  아이언맨 슈트가 작동이 안 되는 절체절명의 순간에 현재 상태를 알려주고 시뮬레이션을 통해 탈출까지 얼마나 시간이 남았는지 보고하며 선택 가능한 대처 방안을 제시하는 것은 분명 자비스이지만, 그 대안 가운데 하나를 선택하고 실행하는 사람은 바로 토니 스타크다. 전체적인 구조와 현 상황에 대한 방대한 지식을 갖추고 있어서 자비스가 분석하고 전달하는 내용을 바로바로 이해하고, 이를 바탕으로 빠르게 판단하여 실행 명령을 내릴 수 있기에 가능한 것이다. 진짜 아이언맨은 어디까지나 토니 스타크다. 자비스를 갖게 된다고 해도 내가 아이언맨이 되는 것은 불가능하다.

오늘날 AI의 발전은 눈부실 정도로 어마어마하다. 외국어로 된 글들을 재빠르게 번역해주고 수많은 정보를 빠르게 찾아주며, 책 몇 권 분량도 순식간에 요약한 후 글도 써준다. 반드시 키보드를 두드리고 단어와 문장을 써서 질문을 하거나 필요한 것을 요청하지 않아도 된다. 그냥 말로 물어도 척척 답을 해주고 대화도 되니까 말이다. 이런 상황이면 앞으로 읽기는 물론 쓰기까지도 굳이 필요할 것 같지 않다. 모두가 나만의 '자비스'를 곧 갖게 될 테니 말이다.

AI 시대에 인간이 갖추어야 할 능력은 AI를 어떻게 잘 이용하고 활용할 것인가에 관한 것들이다. 이해력과 통찰력, 질문하는 능력 등이 필요하다. 특히 통찰력과 질문하는 능력은 보다 크고 넓은 시각으로 앞으로의 방향을 설정하는 역할을 하기에 더욱 중요하다. 그리고 이는 그만한 배경지식과 상황에 대한 이해와 예측, 깊은 고민과 답을 찾고자 하는 의지가 있을 때에야 가능한 일이다. 아무리 AI가 발달한다고 해도 나 대신 질문할 수는 없기 때문이다.

인류 역사의 대부분 시간 동안 인류는 읽지 않고도 생존해왔다. 하지만 읽기는 다른 많은 것들을 가능하게 해줬다. 문명의 탄생과 발달, 산업과 상업의 성장, 그리고 문학을 통한 상상과 감수성 발현 등으로 인류는 엄청나게 발전할 수 있었다. 이는 읽기가 준 선물이고 축복이다. 세이덴버그 교수는 "독서는 여전히 유일무이한 것이다. 인쇄물로 전달하는 것들은 영상 등 다른 어떤 매체를 통해서도 전달하기 어려운 것들이 있다. 명확한 아이디어를 얻기 위해 꼭 읽어야 할 개념들도 있다"고 하며, 그래서 미래에도 읽기와 문해력이 필수적일 것이라 했다. 또한 "바라건대 우리가 비디오, 소리, 읽기가 통합된 시스템을 갖고 여러 정보를 모두 연결하여 얻을 수 있었으면 한다. 하지만 여전히 그 핵심에는 읽기와 문해력이 있다"고 했다.

지금, 우리 시대의 읽기와 문해력이 위기에 빠졌다는 것은 부정할 수 없는 사실이다. 읽기에 대한 관심은 날로 떨어져 독서율 저하로 나타나고 있다. 이런 식이면 곧 독서는 일부 소수만이 향유하는 특별한 활동이 될 수도 있을 것 같다. 다른 나라 또한 마찬가지다. 문해력 강국이라고 불리던 영국, 독일, 프랑스, 호주에서도 문해력 저하 현상이 날로 심각해지고 있다. 2023년, 전통적으로 높은 독서율을 자랑하던 스웨덴은 유아의 디지털 기기 사용을 제한하고 전통적인 읽기와 쓰기 교육으로 돌아가기로 결정했다. 뿐만 아니라 미국, 뉴질랜드, 핀란드 등 많은 나라에서 국민들의 문해력을 끌어 올리기 위해 '국가 문해력 전략'을 발표하는 등 다양한 노력을 기울이고 있다.

현대인은 어쩌다 읽기 능력과 문해력을 잃고 있는 것일까? 세이덴버그 교수는 문해력 하락이 문화적, 사회적 맥락의 결과라고 했다. 우리가 흔히 문해력 하락을 독서율 저하 때문이라고 꼽으며 '개인의 문제'라고 말하는 것과 완전히 배치되는 분석이다. 문해력 하락이 문화적, 사회적 문제라면 내가 알고 있는 '읽기'와 '문해력'에 대한 잘못된 정보나 선입견이 우리를 읽기로부터 더욱 멀어지게 만들고 있는 것은 아닐까? 문해력을 다시 찾아오기 위해서 취했던 나의 노력이 혹시 잘못된 방법이었던 것은 아닐까? 우리를 둘러싼 읽기와 문해력의 진실을 톺아보고, 우리를 그렇게 만들고 있는 현실을 하나씩 짚어보자.

# 1부

# 문해력 격차는
# 어떻게
# 만들어지는가

# 1 누구나 읽을 수 있다는 환상

### 이걸 어떻게 읽어요

중학교 2학년 학생들 몇 명과 함께 문해력 증진 프로젝트를 진행할 때였다. 총 10회차의 수업 중 절반 이상이 지나, 이제는 아이들이 어느 정도 문해력 수업에 흥미를 붙이고 나름대로 즐겁게 수업을 하던 중이었다. 드디어 때가 되었다. 그날 담당 교사는 큰 결심을 하고 아이들이 읽기 싫어하는 '소설' 파트를 수업하기로 했다. 선정한 작품은 알퐁스 도데의 〈별〉로, 고르고 고른 것이었다. 단어와 문장의 수준이 어렵지 않고, 소년소녀의 첫사랑에 대한 이야기라 중학생이 공감하기 쉬우리라는 것이 선정의 이유였다. 부분을 발췌한 것이긴 해도 A4 용지 6페이지 정도라 약간 길

긴 했지만, 그래도 금방 읽을 수 있으리라 기대하며 수업을 준비했다.

담당 교사가 교실에 들어오기 전에, 먼저 제작진이 학생들에게 수업에 대해 안내했다. 오늘 배울 페이지를 알려주고 선생님이 오시기 전에 내용을 훑어보자고 권한 것이었다. 또랑또랑하게 눈빛을 반짝이며 오늘의 수업을 기대하던 아이들은 페이지를 펼치자마자 탄식했다.

"너무 길어요. 이걸 언제 다 읽어요."

"찬찬히 읽어보면 재밌어. 시간 충분히 줄 테니까 차근차근 읽어봐."

이런저런 말로 어르고 달래니 아이들은 끙끙대며 읽기 시작했다. 하지만 겨우 한 페이지를 넘긴 후부터는 몸을 뒤틀기 시작했다. 정말 끝까지 다 읽어야 하느냐고 묻는 학생도 있었다.

"응."

단호한 대답에 또다시 한숨이 이어졌다. 학생들이 6페이지를 다 읽기까지는 30분이 넘게 걸렸다. 고생한 아이들에게 수고했다고 어깨를 토닥여주고는 내심 기대하며 물어보았다.

"재밌지 않았어?"

제작진과 선생님에 대한 의리로 끝까지 읽어낸 아이들은 하나

같이 볼멘소리로 대답했다.

"글자만 가득 있는 건 숨막혀요."

"흰 건 종이고, 까만 건 글씨죠. 어쩌라는 건지 모르겠어요. 글자만 가득 적어주면 어떡해요."

최근 일본에서는 책 한 권을 10분 만에 읽을 수 있도록 요약해서 제공하는 독서 모바일 앱이 인기를 끌고 있다. 경제 경영 관련 서적이나 직장인을 위한 교양서적을 요약해서 텍스트와 음성으로 제공하는데, 대략 6시간 정도 걸릴 독서 시간을 10분으로 줄여준다는 콘셉트를 갖고 있다. 누적 이용자 수도 100만 명이 넘을 정도로 꽤 인기가 높다. 짧은 시간에 내용을 습득할 수 있으니 무척 효율적이라는 것이 이용자들의 평이다.

한국에서도 책의 내용을 요약해서 알려주는 유튜브 채널들이 꽤 인기가 높다. 서울대 도서관 인기 대출 도서인 《총, 균, 쇠》도 유튜브로 보면 9분 만에 그 내용을 확인할 수 있다. 이 《총, 균, 쇠》 요약 동영상의 조회수는 200만 회가 넘는다. 이런 흐름을 반영하듯 대형 인터넷 포털도 지식 검색이 아닌 짧은 영상에 집중하고 있다. 과거에는 글자로 질문과 답변을 주고받는 지식 검색이 주류였다면, 지금은 사진과 이미지로 내용을 제시하는 '카드

뉴스'도 지나, 주요 내용을 1분 이내로 짧게 만들어 보여주는 '쇼츠' 검색의 시대가 되었다. 사람들은 이제 직접 '읽기'보다는 빠르고 편하게 '보기'를 원한다. 여기에는 '읽기는 재미없고 어려운 일'이라는 인식이 깔려 있다. 글을 읽는다는 것은 왜 이렇게 힘든 것일까? 언제부터 이렇게 읽기가 어려운 것이 되었을까?

## 읽지 못하는 사람들

한국은 전 세계에서 문맹률이 가장 낮은 국가 중 하나다. 한글이 워낙 배우기 쉽기 때문에 한국에서 문맹은 거의 사라졌다고 여겨졌다. 그러다 보니 우리는 유난히 글자를 읽는 행위를 '당연히' 할 수 있는 행위라고 믿었다. 과연 그럴까? 인간은 누구나 당연하게 '읽는 능력'을 가질 수 있을까?

답은 '그렇지 않다'다. 우리는 읽기 능력을 타고나지 않았다. 인간의 DNA에는 읽기라는 능력이 존재하지 않는다. 그럼 우리는 어떻게 읽을 수 있는 것일까? '읽기'에 대한 여러 질문들에 답하기 위해서는 근본적인 수준에서부터 읽기를 짚어봐야 한다. '읽기'는 어떤 과정을 거치는지, 어디에서 시작해서 어떻게 진행되는지를 말이다.

'읽기reading'라는 행위는 필연적으로 '보기seeing'라는 행위와 만난다. 일반적으로 문자로 쓰인 시각적인 정보를 받아들이고 이를 뇌에서 처리한다는 점에서 읽기와 보기는 공통점이 있다. 하지만 보기에 비해 읽기는 활용 가능한 능력이 되기까지 많은 시간이 걸리고 훨씬 어려운 과정을 거친다. 무언가를 보고 듣고 말하는 인간의 능력은 대개 특별히 가르치지 않아도 태어날 때부터 가능하거나 시간이 지남에 따라 저절로 익히지만, 읽기는 전혀 그렇지 않다. 우리가 태어나면서부터 읽을 수 있는가를 생각해 보면 바로 답이 나온다. 읽기가 힘든 이유는 결국 이 행위가 시각적, 청각적 능력과 달리 타고난 능력이 아니기 때문이다. 단지 많은 사람들이 읽기를 매우 자동화된 상태로 익숙하게 하고 있기에 이 사실을 잊고 있을 뿐이다.

우리의 뇌는 인간이 읽기 능력을 태생적으로는 갖고 있지 않다는 사실을 명확하게 보여준다. 인간의 뇌에는 시각 단어 형태 영역Visual Word Form Area, VWFA이라는 곳이 있다. VWFA는 뇌의 좌반구 후두엽과 측두엽의 경계부에 위치하며, 안구를 통해 입력된 문자 정보가 뇌의 여러 영역으로 전달되기 전에 반드시 통과해야 하는 곳이다. 우리 뇌에 존재하는 시각 정보, 특히 문자 정보를

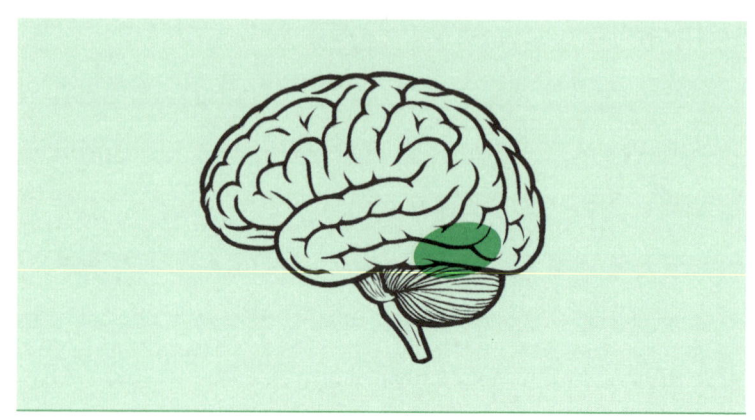

**그림 1-1 ▶** VWFA는 눈으로 입력된 문자 정보가 뇌의 여러 영역으로 전달되기 전에 반드시 거쳐야 하는 영역이다. 본래 이 영역은 얼굴과 사물을 인식하는, 생존에 꼭 필요한 임무를 담당했다.

처리하는 전문화된 영역이다.

프랑스의 인지신경학자인 스타니슬라스 드앤Stanislas Dehaene[1]은 포르투갈과 브라질의 성인을 대상으로 실험을 하나 진행했다. 같은 마을에서 글을 읽을 수 있는 사람의 뇌와 읽지 못하는 사람의 뇌를 스캔했는데, 문자를 제시했을 때 VWFA 영역의 반응 정도와 뇌의 활성화 정도가 각기 달랐다. 글을 읽을 줄 모르는 사람은 시각피질 영역이 조금 활성화되었지만, 글을 읽을 줄 아는 사람은 시각피질 영역뿐만 아니라 VWFA를 비롯하여 뇌의 훨씬 더 광범위한 영역들이 활성화되었다. 시각 정보인 문자가 입력되자 그것을 처리하기 위한 뇌의 영역들이 그에 반응하여 작동한 것은 '보기'라는 행위 때문이었을 것이다. 하지만 그 정보에 무슨 의미가 있고, 그 의미에 대해 해석하며, 그 해석을 행동으로 연결하는 '읽기'라는 행위는 VWFA를 포함해 뇌의 많은 영역이 동시에 매우 활발히 활동하게 한다.

드앤은 VWFA가 글자의 크기, 위치, 서체, 대소문자에 상관없이 단어를 인지할 수 있도록 하며, 그렇기에 '문자 상자'라고 부를 수 있다고 했다. VWFA는 문자를 읽을 때 선택적으로 활성화되는데 그 정도는 개인의 읽기 능력에 정비례한다. 때문에 문맹인 사람뿐 아니라 글 읽기를 아직 배우지 못한 아이들의 뇌에서는 VWFA가 활성화되지 않으며, 난독증이 있는 이들도 마찬가지다. 이 VWFA는 읽는 행위가 점점 더 능숙해지고 발달할수록 활성화 정도가 더 커지며, 그에 따라 뇌의 더 많은 영역이 활성화된다.

### 읽기는 생존에 필수적이다

VWFA가 뇌에서 새로 생겨난 영역은 아니다. 본래 이 영역은 좌뇌에 존재했고, 주로 얼굴과 사물을 인식하는 기능을 했다. 그러다 5000년 전부터 인간이 글자를 만들고 읽기 능력을 익히게 되면서 얼굴을 인식하는 대신 글자를 인식하고 음성으로 처리하는 영역으로 변화했다. 이에 따라 얼굴을 인식하는 본래의 기능은 우뇌로 옮겨갔고, 이 부분은 문자를 주로 인지하는 VWFA로 전환되었다.

1~2만 년 전 인류에게는 얼굴을 인식하는 것이 생존에 매우 중요한 일이었을 것이다. 내 앞에 나타난 누군가가 나의 친구인지 적인지를 구분하고 그를 멀리할지 가까이할지 여부를 판단하는 것은, 내게 닥쳐올 위험을 막기 위해서는 시대를 막론하고 반드시 갖추어야 하는 능력이기 때문이다. 그래서 우리 뇌도 그런 기능과 역할을 담당하는 영역을 발전시켜왔고, 선천적으로도 그러한 능력을 갖고 있었던 것이다. 얼굴을 인식하고 미묘한 차이를 구분하던 뇌의 영역이 문자가 탄생한 이후 문자를 읽고 이해할 수 있는 능력으로 변했다는 것은, 인류에게 문자가 가진 의미가 생존만큼 무척 중요해진 것이라고 추정할 수 있다. 우리의 뇌가 동일한 영역으로 인지하고 발전시킬 정도로 말이다. 몇 백만 년이라는 긴 시간 동안 어떻게 인류가 진화했고 뇌가 발달했는지 세밀하게 알 수는 없지만, 문자를 인식해 읽고 의미를 이해하는 능력이 생존과 직결되는 중요한 능력이 된 것만은 확실하다.

## VWFA 실험이 보여준 충격적인 사실

인간이 글자를 읽게 되면서 VWFA라는 우리 뇌 속 특정 영역의 역할이 바뀌고 재구조화된 것이라면, 반대의 상황도 가능하지 않을까 가정해볼 수 있다. 다시 말해 읽기 능력이 선천적으로 주어지는 것이 아니라 기존에 존재하는 뇌의 특정 영역이 재배열됨에 따라 얻어진 것이라면, 그 재배열이 잘못될 수도 있을 것이다. 만약 그럴 경우에는 무슨 일이 생길까?

이러한 질문에 대한 답을 찾는 흥미로운 연구가 하나 있다. 미국 피츠버그대학교의 엘리자베스 A. 허숀Elizabeth A. Hirshorn 교수 연구진은 VWFA가 단어 인식에 특화되어 있는지, 다른 시각적 자극 처리에도 관여하는 것은 아닌지 확인하고자 했다. 그리고 VWFA의 단어 인지 기능을 방해했을 때 어떤 영향이 나타나는지도 확인하고 싶었다. 연구진은 이 실험을 위해 뇌수술이 예정된 환자들을 찾았다. 뇌수술 중에는 환자를 마취 상태가 아닌, 의식이 있는 상태에서 처치해야 하는 경우가 있다. 연구진은 뇌전증으로 인해 외과적인 치료가 필요한 환자 4명을 섭외하였고, 참가자들은 모두 난독증이 없고 읽기가 가능한 사람들이었다. 실험은 크게 두 부분으로 나뉘었는데, 하나는 기능적 자기공명영상fMRI

을 이용한 뇌 활동 실험과 경두개 자기 자극TMS을 이용한 VWFA 기능 방해 실험이었다.

fMRI 실험에서는 참가자들에게 알파벳 단어와 함께 얼굴, 집, 도구가 그려진 세 가지 이미지를 제시하고 뇌 활동을 측정했다. 참가자들은 눈앞에 보이는 이미지를 주의 깊게 보면서 이미지에 붉은색 테두리가 나타나면 버튼을 눌러 반응하는 과제를 받았는데, 분석 결과 VWFA는 다른 시각적 자극에도 어느 정도 반응을 보였지만 단어를 볼 때 가장 강하게 활성화되었다. 구체적으로, 단어에 대한 VWFA의 활성화는 얼굴 이미지에 비해 약 2배, 집과 도구 이미지에 비해 약 1.5배 높았다. 이는 VWFA가 기본적으로 시각적 정보를 처리하는 데 관여하지만 특히 단어 인식(문자 인식)에 특화되었음을 보여주는 것으로, 단어 인식이 사물 인식 이상으로 인간에게 중요한 기능이라는 것을 확인할 수 있었다.

연구팀은 TMS라는 기술을 사용해서 뇌의 특정 부위에만 전기적 자극을 주어 그 기능을 일시적으로 억제하는 실험도 진행했다. 자극이 없을 때는 뇌의 해당 부위가 제대로 작동하지만, 자극을 주면 그 부위가 마비되어 일시적으로 기능이 작동하지 않는 실험이었다.

단어나 글자를 잘 읽던 참가자에게 자극을 줘서 VWFA 부위를 마비시켰더니 참가자는 'C'를 보고 'F'나 'H'라고 말하거나 'V'라는 글자를 보고 '모르겠다'고 대답했다. 심지어 'illegal'이라는 단어를 보여줬더니 "아무것도 안 보인다"고 답한 사람도 있었다. 하지만 전기 자극이 사라지자 바로 제대로 답했다. 이처럼 전기 자극을 이용해 VWFA의 활동을 방해한 결과, 참가자들의 단어 읽기 능력이 크게 저하되었다. 글자가 아닌 이미지(집, 도구, 얼굴)를 보여줬을 경우에도 시각적 자극 인식에 약간의 영향이 있었지만 그 영향은 단어 읽기에 비해 상대적으로 적었다. 이는 VWFA가 무언가를 보는 행위에 관여하는 영역이며, 그중 읽기 과정에서 핵심적인 역할을 한다는 것을 강력히 시사한다. 뇌의 특정 영역이 자극을 받으면 잘 읽던 사람도 어느 날 갑자기 어떤 글자도 읽지 못할 수 있다는 뜻이다.

이를 뒷받침하는 실제 사례들이 있다. 사고로 인한 뇌 손상, 뇌졸중이나 뇌출혈, 또는 혈류 공급의 지연 등으로 인해 일시적 혹은 영구적으로 글을 읽지 못하는 실독증alexia 사례자들을 조사해본 결과, 이들의 뇌에 문제가 생긴 부위가 좌측 후두-측두엽 인근인 바로 VWFA가 위치하는 곳임을 확인한 것이다.

1892년 프랑스 학자 조세프 쥘 데제린Joseph Jules Dejerine은 뇌졸중을 앓은 후 갑자기 글을 읽을 수 없게 된 환자의 사례를 보고했다. 60대의 사업가였던 그는 어느 날 갑자기 읽기 능력을 완전히 상실했다. 글자를 시각적으로 인식했지만 그 의미를 이해하지 못했고 단어를 소리 내어 읽을 수 없었다. 심지어 글을 쓰는 것은 가능했지만 자신이 쓴 글을 읽을 수는 없었다. 말하기, 듣기 능력도 정상이었고 지적 능력이나 기억력에도 문제가 없었는데, 유독 읽기가 문제였다. 뇌졸중으로 인해 VWFA 영역에 손상을 입었기 때문이었다.

2014년 미국 시카고 외곽의 한 학교에서 독서 과목을 가르치던 40대 교사 M은 뇌혈관의 염증으로 인해 혈류가 차단되면서 문자와 숫자를 읽는 것이 불가능해졌다. 그녀는 오디오북을 들으면 내용을 이해할 수 있었지만, 매일 읽던 책은 더 이상 즐길 수 없었다. "정상적인 상황이 그립다"는 그녀는 당연하게 여기던 독서를 더 이상 할 수 없는 현실을 무척 인정하기 힘들었다고 했다. 글자를 읽지 못한다는 것은 책뿐만 아니라 거리의 간판이나 필수적으로 읽어야 하는 안내문, 고지서 등을 볼 수 없다는 것을 의미한다. 우리의 뇌가 읽기 능력을 왜 '생존'과 직결되는 중요한 기능으로 인지했는지 충분히 짐작이 가는 대목이다. 글을 읽을 수 있던 사람이 하루아침에 글을 읽을 수 없게 되면 삶이 얼마나 답답하고 힘들지 가늠하기 어렵다.

## 협업하지 않는 뇌는 읽을 수 없다

지금 이 한 문장을 읽기 위해 우리의 뇌는 어떤 과정을 거칠까? 우선 시각을 통해 글자의 존재를 인지하는 순간 VWFA가 번쩍이며 활성화된다. 동시에 우리의 뇌는 거의 모든 영역을 활용하면서 이 문장이 가진 의미를 파악하고 기억하며, 이 문장을 어떻게 해석하고 그에 따라 내가 어떻게 행동할지를 판단한다. 읽기는 뇌의 거의 모든 영역이 반짝이는 기적의 협업으로 이루어지며, 그렇기에 읽기 능력은 어쩌면 우리가 가진 축복의 능력일지도 모른다.

읽기가 뇌 속에서 일어나는 기적의 협업이자 축복의 능력이라고 하는 것은 읽기의 복잡성에서 기인한다. 읽기의 과정은 매우 복잡하다. 드앤은 "읽는 행위란 시각피질 영역이 인식한 일련의 글자가 음성언어로 처리되는 과정"이라고 했다. 글자라는 시각적 자극으로부터 시작해서 그에 담긴 정보를 인식하고 뇌 속에서 가지고 있는 언어 지식과 연결하여 그 글자를 소리와 의미로 전환하는 것을 뜻한다. 읽기는 뇌 안의 여러 영역을 통합적으로 사용하여 시각 정보를 청각 정보로, 이를 다시 운동 정보와 의미 정보로 변환하는 행위 과정 전체라 볼 수 있다. 이 중 한 부분만 제대로 작동하지 못해도 읽기 능력에는 문제가 생길 수 있다.

읽기의 복잡한 과정을 다루기 위해 학자들은 여러 가지 모델을 통해 분석하고 설명해왔다. 미국의 해스킨스 연구소Haskins Laboratories에 소속된 심리학자이자 문해력 전문가인 홀리스 스카보로Hollis Scarborough는 읽기의 구조를 '리딩 로프Reading Rope'[2]로 설명했다. 이 모델에서는 읽기의 요소로 총 8가지를 제시한다. 먼저 3개의 단어 인식 요소들이다. 음운(말의 뜻을 구별해주는 소리의 단위) 인식, 해독, 시각 인식으로 이루어진 단어 인식 요소들은 반복 및 연습을 통해 정확하고 유창해지며 점점 더 자동화되면서 함께 작동한다. 동시에 배경지식, 어휘력, 언어 구조, 언어 추론 및 문해 지식의 5개 요소가 포함된 언어 이해 요소들은 단어 인식 요소들과 같이 발달할 수 있으며 '점점 더 전략적'으로 작동한다. '전략적'이라는 것은 시간이 지남에 따라 그냥 좋아지는 것이 아니라, 제대로 된 방향으로 지도를 받으며 오랜 시간 노력해야 한다는 뜻이다.

리딩 로프는 읽기에 필요한 여러 요소들을 명확히 짚어내면서, 다양한 요소들이 독립적이면서도 서로 연결되어 있고 또 상호 의존적임을 잘 설명하고 있다. 이 모든 구성 요소들이 각자 단단한 줄로 존재하고 동시에 촘촘하게 짜여 있을 때 숙련된 읽기와 강

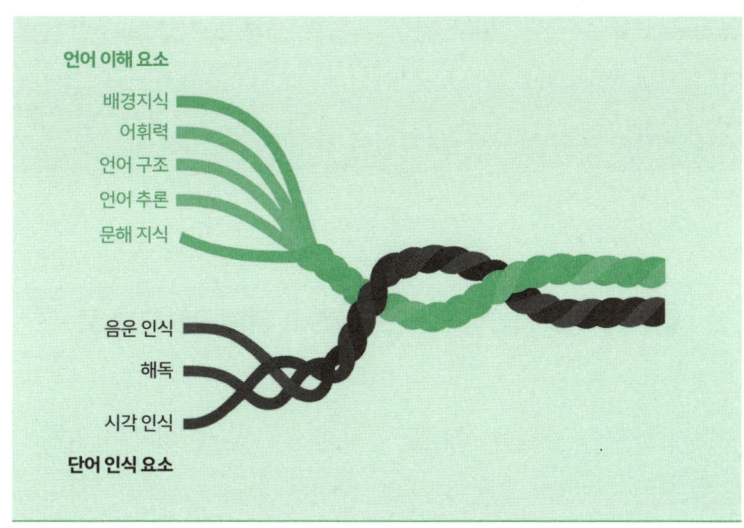

그림 1-2 ▶ 홀리스 스카보로의 '리딩 로프'에 대한 시각적 은유를 재구성한 그래픽.

력한 읽기 이해력이 생긴다는 것이다. 한 가닥이라도 닳거나 약하면 전체 밧줄은 그만큼 단단하지 못해 손상되어버리고 만다.

  재미있는 것은 읽기가 가능해지면 시각과 관련한 기억력과 인지 능력도 높아질 수 있다는 것이다. 2019년에 발표된 한 연구[3]에 따르면 글을 알지 못하는 사람들에게 읽기와 쓰기를 가르치면서 뇌 기능의 변화를 관찰했는데, 문맹이었던 사람들이 읽기를 학습하면서 VWFA가 활성화되고 다른 시각 자극에 대한 민감도가 높아지며 글자가 아닌 다른 시각 정보를 더 잘 기억하고 구분할 수 있게 되었다고 한다. 문자 인식을 위한 새로운 기능이 추가되면서도 기존의 기능은 손상되지 않았고, 읽기 능력이 시각 능력에도 긍정적인 영향을 끼칠 수 있었던 것이다.

## **읽기가 어려워진다는 것은 생존이 위협받는다는 것**

읽기 능력을 상실한 사람들의 사례에서 알 수 있듯이 읽기는 누구나 할 수 있는 것이 아니다. 동시에 읽기 능력은 '잃어버릴 수도 있는 가역적 능력'이다. 한 개인 안에서도 발전하거나 사라지기도 하는 변동성이 있다. 문맹이 거의 사라지다시피한 사회에 사는 현대인이 이러한 변화 가능성을 자꾸 잊어버릴 뿐이다.

읽기가 왜 힘든가? 원래 읽기는 힘든 것이다. 읽기는 타고난 것이 아니고 반드시 배우는 과정을 거쳐야 하기 때문이다. 그 과정이 좀 더 자연스럽고 쉬울 수도 있고 그렇지 않을 수도 있지만, 어쨌든 읽기는 꼭 배워서 완성해야만 하는 것이다. 우리 뇌의 읽기 능력을 점점 더 발전시켜서 읽기를 가능하게 하는 회로를 만들어 가동시키고 점점 강화해야 한다. 그러다 보면 읽기는 자동적으로 가능해지는 수준에 이르게 된다. 마치 읽을 수 있는 능력을 타고난 것처럼 말이다. 하지만 읽기를 게을리하면 점점 더 읽기가 힘들고 어려운 과정이 되어버린다. 우리 뇌 속에서는 읽기를 위한 회로들이 강화하기도 하고 퇴화하기도 하는데, 읽기를 안 하면 안 할수록 그 회로는 빠르게 반응하지 못하고 더 많이 작동하는 것도 어려워진다.

읽기는 살아가는 데 있어 꼭 필요하다. 하지만 오늘날 우리의 읽기는 어떠한가? 개인적으로도 나의 읽기가 전보다 수월하지 않다고 느끼는 순간이 많다. 잘 읽히지도 않고 집중이 자꾸 흐트러지며, 읽고 또 읽어야 겨우 이해가 되어 대신 요약해주는 도구를 찾거나 동영상을 검색하고, 읽는 양도 줄었다. 이는 나 혼자만의 문제도 아니고 우리나라만의 문제도 아니다. 전 세계적으로 책맹이 증가하고 문해력 저하에 대한 위기감이 높아지고 있다. 인류의 읽기 능력 자체가 위협 받는 시대인 것이다.

당신이나 나만 읽기가 힘든 것이 아니다. 훨씬 많은 이들이 읽기가 힘들다고 한다. 하지만 아직 포기하기에는 이르다. 어느 날 갑자기 뇌혈관 이상으로 읽기 능력을 잃어버린 미국 시카고의 교사 M은 뒤죽박죽 뒤섞인 글자를 읽기 위해 손가락으로 각 글자를 따라 써보고 그것이 어떤 글자인지 파악하는 새로운 방법을 스스로 찾아냈다. 2초에 한 단어 정도를 해독하는 매우 느리고 힘든 방법이었지만, 그녀는 이 방법으로 자신만의 읽기를 다시 시작할 수 있었다. 자신만의 읽는 방법을 찾음으로써 자신의 삶을 본 궤도로 회복시킨 M처럼, 우리도 '나의 읽기'를 다시 시작할 때다.

# 2 빨리, 많이 읽기를 재촉하는 사회

## 매직아이로 속독을 배우다

세 살 아이를 키우는 직장인 수지 씨는 독서를 좋아하지 않는다. 어릴 때도 특별히 책 읽기를 좋아한 건 아니라고 한다. 하지만 자신의 아이는 책을 좋아하는 사람이 되기를 바란다.

"부모가 책을 좋아하지 않아도 아이가 책을 좋아할 수 있을까요?"

이렇게 묻는 수지 씨에게 책을 좋아하지 않는 이유나 계기가 있느냐고 물었다. 그녀는 한참 생각하더니, "선후가 무엇인지는 모르겠지만……" 하며 이야기를 시작했다. 그녀는 초등학생 시절 속독학원을 다녔다고 했다. 글을 빨리 읽어야 많이 읽을 수 있고,

그래야 성적도 잘 받을 수 있다며 부모님이 속독학원을 권했다는 것이다. 때문에 본인에게 독서는 '재미'보다는 '잘해야 하는 과제'에 가까웠던 것 같다고 하면서, 아이는 스트레스를 받지 않고 책을 읽기를 바란다고 했다. 속독학원을 경험해보지 않은 나로서는 무척 흥미로운 얘기였다. 나 역시 책을 빨리 읽는 것에 흥미가 있다. '빨리빨리'를 좋아하는 한국인의 특성일 수도 있지만, 같은 시간 안에 더 많은 내용을 알 수 있다면 이보다 더 효율적인 것이 또 있을까.

속독학원에서는 무엇을 배우는지 무척 궁금했다. 빨리 읽게 되는 비법이 정말 있는 건지, 효과가 있는 것인지도 알고 싶었다. 그녀의 말에 의하면, 학원에서는 다양한 종류의 글을 많이 읽게 하는 것으로 학습을 시작한다고 했다. 이는 읽는 것 자체를 친숙하게 여기고 글을 읽는 훈련을 하게 한다는 점에서 그럴듯한 얘기였다. 읽는 것도 당연히 훈련이 필요하기 때문이다. 그리고 글의 종류에 따른 특징과 구조를 배우고 그에 따라 글에 접근할 수 있는 다양한 방법을 배운다고 했다. 시와 산문, 논설문과 소설 등 글의 목적과 성격에 따라 다른 해독 방식을 갖추어야 한다는 것 또한 설득력이 있었다.

재미있는 것은 이와 더불어 읽는 방법과 관련한 여러 가지 훈련을 한다는 점이었다. 우선 그녀는 눈동자를 빠르게 상하좌우 등 여러 방향으로 움직이는 법을 연습했고 오른쪽 눈과 왼쪽 눈으로 각기 다른 것을 보는 시선 분리법 같은 것도 해보았다고 말했다. 그 일환으로 '매직아이'[1]도 많이 보았다. 그 외에도 좌에서 우로, 위에서 아래로 등 여러 방향으로 글자를 읽는 법, 차례차례 한 줄씩 읽는 것이 아니라 한 번에 2~3줄을 동시에 읽는 법, 여러 문장을 띄엄띄엄 읽으면서도 주요 키워드를 빠르게 찾는 법 등을 배우고 연습했다. 또한 글을 읽으면서 속으로 단어를 따라 말하지 않는 법도 배웠다. 흔히 생각하는 독서법과 거리가 멀어 보이는 방법이 많아서 의아하기도 하고 신선하기도 했다. "효과가 있었냐?"는 내 질문에 그녀는 "당시에는 그래도 빨리 읽을 수 있었다"며 꽤 긍정적으로 답했다. 만화책이나 동화책 수준이 아니라 글밥이 꽤 있는 책 한 권도 2시간 정도면 다 읽을 수 있었단다. 꽤 놀라운 수치였다. 최근까지도 문해력 프로그램을 준비한다고 읽었던 수많은 논문과 두꺼운 책들이 떠오르면서 나도 속독을 배웠어야 했나 싶었다.

속독학원에서 집중적으로 가르친 기술은 바로 안구운동이었다. 안구운동을 하면 정말 글자를 빨리 읽는 걸까? 시각적 인식 능력을 키우면 글자를 빠르게 읽을 수 있다는 연구 결과가 있다.

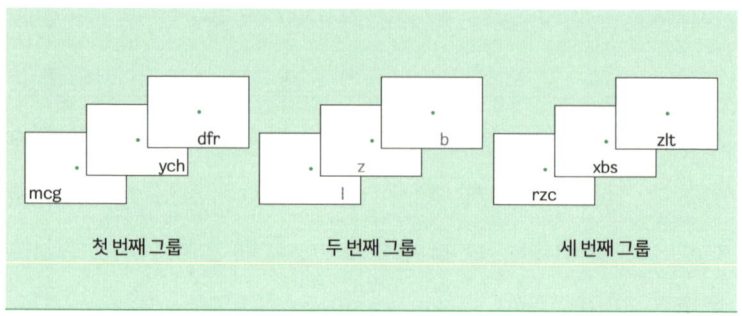

**그림 2-1 ▶** 잉첸 헤 박사와 고든 E. 레게 교수는 안구운동을 통해 읽기 속도가 향상될 수 있는지를 연구했다.

미네소타대학교의 잉첸 헤Yingchen He 박사와 고든 E. 레게Gordon E. Legge 교수는 27명의 대학생을 9명씩 3개 그룹으로 나누고 3가지 다른 방법으로 6일간 훈련시켰다.[2] 첫 번째 그룹은 A4 용지의 다양한 위치에 적힌 3개의 알파벳으로 된 3개의 단어(예: mcg, ych, dfr)를 읽는 과제를 받았다. 두 번째 그룹은 A4 용지의 다양한 위치에 한 글자로 된 3개의 단어(예: l, z, b)를 읽는 과제를, 세 번째 그룹은 동일한 위치에 3개의 알파벳으로 된 3개의 단어를 읽도록 했다. 이렇게 차이를 둔 것은 눈이 글자를 읽는 데에는 글자 무리 짓기crowding(혼잡 효과: 주변 글자로 인해 특정 글자의 인식이 방해되는 현상), 시각 범위visual span(한 번의 시선 고정으로 인식할 수 있는 글자의 수), 주의력 분배, 그리고 글자의 크기와 간격 등이 읽기 속도에 영향을 미칠 수 있다고 봤기 때문이다.

  6일 후, 각 그룹의 읽기 속도에는 유의미한 차이가 있었다. 다양한 위치에서 무작위로 글자를 제시하는 훈련을 했던 2개의 그룹은 의미 있는 수준에서 읽기 속도가 향상되었다. 다양한 위치에서 3개의 글자를 읽는 훈련을 한 첫 번째 그룹은 읽기 속도가 분당 183개 단어에서 235개 단어로 최대 30.3%나 높아졌다.[3] 다양한 위치에서 목표 글자 한 글자를 받은 두 번째 그룹은 분당 178개 단어에서 228개 단어로 읽기 속도가 29.9% 빨라졌다.[4]

  이러한 결과에 대해 연구자들은 시선 분산 훈련을 통해 실제 읽기 상황과 비슷하게 눈이 다양한 위치의 글자를 빠르게 인식하도록 연습한 것이 읽기 속도 개선에 효과가 있다고 추측하였다. 특히 눈의 시각 범위를 넓히고 다양한 위치의 글자를 인식할 수 있도록 주의력을 빠르게 분배하며 목표 글자에 더욱 집중하도록 눈의 움직임을 제어하는 방법을 배우면 읽기 속도를 높일 수 있다는 것도 확인할 수 있었다. 안구운동은 글을 빠르게 읽는 데 효과가 있었다. 역시 나도 속독을 배웠어야 했나 보다.

## 속독은 어떻게 선망의 대상이 되었을까

속독, 즉 빨리 읽기에 대한 관심은 언제부터 있었을까? 사실 빨리 읽겠다는 인식은 최근에나 생긴 개념이다. 책이 있어서 속독이 필요했던 것이 아니라, 책이 많아졌기에 속독이 필요해진 것이다. 구전으로 정보가 전달되고 양피지에 평생을 걸쳐 필사를 하던 시기에 무언가 읽고 학습해야 할 정보의 양이란 수백에서 천여 페이지에 불과했을 것이다. 읽을 것 자체가 거의 없고 읽을 수 있는 사람도 극소수에 불과했던 때에 빨리 읽는다는 것이 중요할 리가 없다. 그때는 그저 읽을 수 있다는 것 자체로도 충분히 인정받았을 것이다. 인쇄술의 발명·발전과 함께 읽을거리가 본격적으로 생기고 널리 보급되면서 읽기는 인간이 갖춰야 할 보편적인 능력이 되었다. 출판 기술이 발전하고 책이나 신문 등 출판물이 급격히 증가하면서부터 짧은 시간에 많은 정보를 읽어야 할 필요성이 생겨났다. 정보의 독점화가 해체되고 정보에 대한 접근이 손쉬워지면서 이제는 누가 정보를 더 많이 알고 있느냐가 중요해졌던 것이다.

속독이라는 개념이 대중화된 것은 지금으로부터 약 70년 전이다. 1950년대 미국의 교육자였던 에블린 닐슨 우드Evelyn Nielsen

Wood는 "더 빠른 독자가 더 효과적인 독자"라 정의하며 평균적인 읽기 속도보다 3~10배 빠르게 읽으면서 동시에 이해력을 유지시키는 읽기 방법을 만들었다고 주장하였고, 그 방법을 대중에게 가르치고자 했다. 그녀는 자신의 읽기 방법을 배우면 한 페이지의 글을 왼쪽에서 오른쪽으로 차례대로 읽는 것이 아니라, 한 번에 여러 줄을 아래 방향으로 읽어가면서 핵심 내용을 파악할 수 있다고 했다. 이런 혁신적인 읽기법으로 그녀는 분당 2700개의 단어를 읽을 수 있었는데, 이는 평균적인 미국인이 분당 200~400개의 단어를 읽는 것에 비해 대략 10배나 빨랐다. 그녀의 방법론에 대해 불가능한 일이라며 반대하는 의견과 실제로 적용 가능한 방식이라며 찬성하는 의견 등 갑론을박이 많았지만, 이는 사람들에게 대단한 화젯거리가 되었다. 미국 제35대 대통령 존 F. 케네디는 분당 1200개의 단어를 읽는다고 알려졌는데, 그의 존재와 인기 덕분에 속독은 대중의 호기심과 경탄을 한 몸에 받았고, 케네디는 더더욱 선망의 대상이 되기도 했다.

우리나라에서도 1970년대 산업화가 본격적으로 이뤄지고 교육열이 높아지면서 정보와 지식이 성공과 직결된다는 인식이 확산되었고, 그만큼 속독에 대한 관심도 높아졌다. 1981년 한 신문에 실린 칼럼[5]에서는 "오늘날의 샐러리맨은 신문, 잡지, 논문, 단행

본, 보고서, 계약서, 품의서, 의사록, 결재 서류…… 등을 함께 묶어서 하루 10만 자를 읽지 않으면 아니된다고 한다. 글자 그대로 활자 정보의 홍수다"라고 하면서 "'읽는다'가 느리면 이 한 가지 사실로 샐러리맨으로서의 능력이 평가되는 것이다. 샐러리맨이 조직의 정상을 향하여 계단을 올라가면 갈수록 '읽는다'라는 일의 양과 어려움은 점점 증가"하기에 속독이 꼭 필요하다고 하였다. 더 빨리 읽어서 읽기에 쓰는 시간을 줄이고 그 시간만큼 다른 일을 하겠다는 것은 효율적인 방식이자 훨씬 고급의 상위 능력처럼 여겨지기 시작했고, 그런 능력을 갖고 싶다는 당연한 욕망은 속독을 가르치고 배우는 학원의 등장을 낳아, 1980년대에는 전국적으로 속독학원이 활황이었다.

### 빠르게, 많이 읽고 싶다는 욕망

속독에 대한 압박은 대부분 고등학생 시절을 겪으면서 강화된다. 길고 긴 시험 지문 때문에 고민하는 학생들이 많기 때문이다.
고등학교 3학년 때 1년 내내 짝이었던 친구는 매월 모의고사를 보는 날이면 친구들에게 묻곤 했다.

"모의고사 볼 때마다 국어랑 영어 시간이 너무 부족해. 국어는 지문 2개, 영어는 3개까지도 못 읽고 시간이 끝난다니까. 넌 안 부족해?"

시험 시간에는 지문을 다 읽지 못해 풀 수 없었던 문제도 시험이 끝난 후 시간 압박 없이 읽으면 정답을 다 맞힐 수 있으니 그 친구로서는 너무나 원통할 노릇이었다. 친구의 고민은 '어떻게 하면 글을 빨리 읽을 수 있느냐'였기에, 나중에는 초등학생 시절 본인이 책을 많이 읽지 않아 글을 늦게 읽는 것 같다며 과거를 한탄하곤 했다.

읽기 속도가 시험 성적에, 특히 언어 과목 실력에 직결된다는 믿음과 빠른 시간 안에 많이 읽어야 압축적이고 효율적으로 또 효과적으로 높은 성적을 낼 수 있다는 압박은 한국 사회에서 읽기에 대해 꽤 많은 사람들이 동의하는 바이자 공유하는 감정일 것이다.

교과서에 나오는 내용을 달달 외우고 교과서 외의 내용까지도 암기해서 많은 문제를 빠른 시간 안에 풀어야 하는 학력고사 시대에 속독은 매우 유효한 공부법으로 여겨졌다. 또한 단순 암기형이라고 비판 받았던 학력고사와 달리, 1994학년도 입시부터 시작된 대학수학능력시험은 비판적 혹은 추론적 이해를 요구하며 교과서에 없는 제시문을 읽고 논리적으로 답을 추론해내거나 두세 과목을 결합한 새로운 형태의 문제 유형이 포함되다 보니 지문을 빠르게 읽을 수 있으면 여전히 시험에 유리했다. 이후 수시 제도 등 대입 시험의 방식은 여러 차례 바뀌었지만, 독서 활동이 생활기록부 비교과에 포함되면서 독서는 학생들에게 '또 하나의 필수과목'이 되었다. 그러다 보니 속독은 '선택'이자 '필요조건'처럼 여겨졌다.

꼭 공부나 입시와 연관되지 않더라도 독서는 소위 모범적인 취미로 오랜 시간 손꼽혀왔다. 경제가 발전하면서 과거보다 책을 쉽게 구할 수 있게 되자, 요즘에는 아이들이 어릴 때 독서 습관을 잡아주겠다며 집에 수천 권의 책을 구비한 가정도 심심치 않게 볼 수 있다.

5세 유아를 키우는 어느 집에 갔을 때다. 그 집에는 거실의 두 벽면이 책으로 빼곡히 들어차 있었다. 줄지어 꽂힌 전집들이 몇 권이나 될까 헤아려보려는 찰나, 이 책들을 다 사는 데 든 비용만 1300만 원은 족히 넘었을 거라고 부모가 넌지시 알려줬다.

"책이 중요하다고 다들 이야기하니까…… 책이 많으면 많이 읽을 것이고, 많이 읽는 것이 아무래도 더 좋지 않겠어요?"

자식에게 좋은 것을 권하고 싶은 부모의 마음은 충분히 공감할 수 있다. 이런 마음은 가정뿐만 아니라 우리 사회 전체에도 만연해 '100권 읽기', '독서왕'과 같은 이벤트로 투영된다. 여러 지자체나 도서관 등에서 흔히 볼 수 있는 행사인데, 책을 읽거나 대여한 내역을 기록하고 그 양이 '1년에 100권 이상'처럼 정해진 기준을 넘거나, 특정 그룹 내에서 가장 많으면 상과 상품을 주는 식으로 이뤄진다. 자신이 읽은 책이 어떤 책들인지 확인할 수 있고 그 양이 얼마나 되는지 직접 알 수 있다는 점은 장점이지만, 대부분의 경우에는 '읽은 양'에 대한 평가가 되기 쉽다. 많이 읽는 것이 좋은 것, 칭찬할 만한 것이 되어버린 사회에서 속독이 가능한 이들은 당연히 부러움의 대상이 된다.

속독의 압박은 사회가 발전할수록 비례하며 거세진다. 다양한 매체의 많은 콘텐츠가 초 단위로 생성되어 볼 것들, 알아야 할 것들이 엄청나게 '쏟아지기' 때문이다. 한 20대 대학생은 "요즘 저 같은 사람이 많을 거예요. 엄청 빨리, 후딱 다양한 거(콘텐츠)를 보고 싶어요. 공부할 때도 빨리 읽으면 좋은 것 같고요"라고 하면서 "지하철을 타거나 이동할 때도 스마트폰을 주로 보니까, 글도 빨리 스크롤해서 내리고 또 다른 거 보게 되더라고요. 그런 습관이 생기고 나니 여러 가지를 더 빨리 읽고 싶게 되는 것 같아요"라고 말했다. 다른 20대 대학원생은 "빨리 읽는 동시에 주제도 빨리 파악할 수 있으면 좋겠다는 생각을 많이 해요. 조금 더 빨리 많은 정보를 얻고 싶거든요. 더 빨리, 더 많이 읽고 싶다는 마음은 오래된 욕망이죠"라고 했다.

그렇게 우리는 속도와 양에 대한 집착으로 영상을 2배속으로 보고, 밥을 먹거나 걸으면서 심지어 자전거를 타고 이동하면서도 스마트폰을 보고 읽고 스크롤한다. 한 사람이 하루에 접하는 모든 정보의 양이 약 34GB라는 연구 결과[6]처럼 우리에게 주어지는 정보의 양은 기하급수적으로 증가했다. 우리를 둘러싼 세계가 완전히 바뀌었다. 스마트폰, TV, 인쇄물 등 다양한 매체를 통해 생산되고 소비되는 어마어마한 양의 데이터는 점점 더 늘어났고, 더 많은 정보가 있으니 더 빠르게 읽어내고 싶은 것은 인지상정이다. 내가 문제가 아니라 내가 속한 사회 자체가 바뀌었다면 적응하기 위해서라도 더 빠르게, 더 많이 읽어내야 하는 것이 타당하지 않은가? 그런데 문제가 하나 있다. 바로 읽기의 메커니즘이 빨리 읽어내는 방식에 적합한가라는 점이다.

## 1분에 1만 단어를 읽는 슈퍼 속독가의 비결

읽기에 있어 안구의 움직임이나 시선의 이동을 이해하는 것은 흥미를 넘어 꽤 유용한 일이다. 이를 통해 읽는 속도를 더욱 높이는 방법을 찾아볼 수 있기 때문이다. 속독으로 유명한 슈퍼스타를 고르라면 아마도 로런스 킴 픽Laurence Kim Peek(1951-2009)일 것이다. 영화 〈레인 맨〉의 모델로 알려진 그는 서번트증후군을 가졌지만 '메가 서번트'라는 별명처럼 매우 뛰어난 기억력의 소유자로, 가장 자주 인용되는 속독의 대표선수다.

그는 한 번에 두 페이지를 읽었는데 왼쪽 페이지는 왼쪽 눈으로 오른쪽 페이지는 오른쪽 눈으로 읽었고, 대략 1분에 1만 개의 단어를 읽었다고 알려졌다. 일반인이 분당 200~250개의 단어를 읽는 것에 비하면 어마어마한 속도다. 더 놀라운 것은 읽은 내용의 98%를 글자 하나 틀리지 않고 기억했으며, 9000여 권의 책과 미국 전역의 우편번호를 암기할 수 있었다고 한다.

킴 픽을 따라 하기는 불가능하지만, 2018년 BBC는 속독에 대한 사람들의 열망에 화답해보기로 했다. 시청자가 BBC 콘텐츠를 빠르게 읽을 수 있도록 하는 새로운 기술을 실험해보기로 한 것이었다.[7] 당시 디지털 파트너십 책임자인 사이러스 사이한Cyrus Saihan

은 "우리가 읽는 메일, 메시지, 뉴스 기사의 수는 놀라운 속도로 증가하고 있다. 영국의 성인은 잠자는 것보다 온라인에서 더 많은 시간을 보내고 미디어를 소비한다. 인간이 이런 정보의 과부하를 관리하는 새로운 기술을 적용할 수 있는지 확인하고 싶다"며 새로운 프로젝트를 진행한다고 밝혔다. 그것은 〈스타 트렉〉의 스팍이나 '셜록 홈스 시리즈'의 홈스처럼 정보를 빠르게 처리할 수 있는 초인적인 능력을 갖추는 놀라운 기술처럼 보이기도 하는데, 그 기술을 활용하면 분당 약 200개 단어를 읽던 사람이 분당 800개 단어에서 1000개 단어까지 읽을 수 있다고 했다. 그 놀라운 기술이란 바로 글을 하나의 고정점을 중심으로 보여주어서 안구의 이동 없이 읽을 수 있게 하는 신속 순차 시각 제시Rapid Serial Visual Presentation, RSVP를 다양한 기사에 적용하는 것이었다. 보통의 읽기 속도보다 3~4배 빨리 읽을 수 있게 된다니 신나고 즐거운 일이 아닐 수 없었다.

  BBC의 온라인사이트에서 활용한 놀라운 신기술이나 속독학원에서 배운다는 눈동자 빨리 움직이기의 공통점은 바로 '눈의 움직임'을 통제하는 것이다. 안구의 움직임을 최대한으로 통제하거나, 안구가 빠르게 움직일 수 있도록 단련하는 것이 바로 그것이다. 안구운동은 정말 읽기를 잘할 수 있게 하는 효과적인 방법일까? 안구근육이 발달한 사람이 읽기에서 최강자가 될 수 있다면 지금 당장 안구근육 PT라도 받아야 하는 게 아닐까?

## 안구 도약, 빠르게 읽기의 핵심

막힘없이 유려하게 글을 잘 읽을 때 흔히 '물 흐르듯이 읽는다'고 표현하지만 엄격히 말하면 이 말은 틀린 표현이다. 글을 읽을 때 우리가 모든 글자를 하나씩 꼼꼼하게 읽지는 않기 때문이다. 어떤 부분은 건너뛰기도 하고 문장의 한 부분에서 다른 부분으로 점프하기도 한다. 그래서 읽기의 과정은 안구의 고정과 도약이 불연속적으로 반복되는 과정이라 할 수 있다.

다음 장의 그림 2-2는 글을 읽을 때 우리의 눈동자가 어떻게 움직이는지를 시선 추적 장치로 확인한 결과다. 한 번 눈동자를 이동하면 한 단어의 특정 글자(전체 단어의 중간 혹은 앞)에 약 200~250ms(밀리세컨, 1ms=0.001초) 동안 고정했다가 7~9칸 정도 떨어진 곳으로 시선을 점프한다. 때문에 그림 2-2처럼 시선이 전혀 닿지 않은 곳이 발생하기도 한다. 한 번 점프하는 데는 20~40ms 정도가 소요되는데, 이는 눈의 깜빡임보다 약 10배 빠른 속도다.

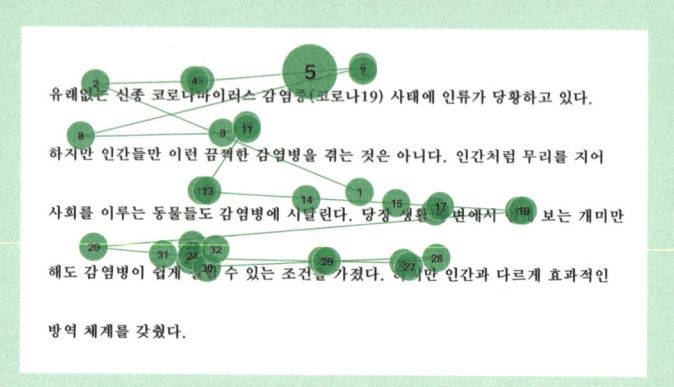

**그림 2-2 ▶** 우리는 '물 흐르듯' 읽지 않는다. 글을 읽을 때 우리의 시선은 고정, 도약, 회귀를 반복한다. (출처: 신명선·신희성, 〈능숙한 독자와 미숙한 독자의 읽기 방식 차이〉, 《독서연구》 59, 한국독서학회, 2021)

모든 글자를 다 읽는 것이 아닌데도 어째서 우리는 전체 글자를 보는 것처럼 느낄까? 그것은 우리가 고정된 지점을 중심으로 한 번에 그 주변의 글자들을 인식할 수 있기 때문이다. 이를 '시각 범위visual span'라고 하는데 우리의 눈이 한 번에 인식할 수 있는 것이 점이라기보다는 더 넓은 지역임을 의미한다. 이처럼 우리는 글의 한 부분에 시선을 멈춰 '고정'시키고 그 시선의 중심점과 주변의 글자들(단어들)의 시각 정보를 추출하고 파악한 후, 다시 다른 지점으로 '도약'하며 글을 읽는다. 우리의 눈은 매우 짧은 시간 동안 이러한 멈춤과 점프를 지속적으로 반복하고 있으며, 이 과정은 물이 흐르는 것처럼 끊김 없이 이뤄지는 것이 아니다.

글을 읽다 보면 앞으로의 '도약'만 있는 것이 아니라 다시 뒤로 돌아가서 글을 읽는 '회귀'의 과정도 일어난다. 결국 시각의 관점으로만 따지면, 글에서 글자라는 시각 정보를 추출하는 '고정'의 시간을 줄이고 '도약'과 '회귀'의 시간을 최소화하며 시각 범위를 넓힐 때 더 빠르게 글을 읽는 것이 가능하다.

이런 맥락에서 EBS 다큐멘터리 〈책맹인류〉 1부 '읽기의 과학'에서는 '시선을 고정하고 빠르게 읽기' 실험을 해보았다. 앞서 얘기했듯 일반적으로 글을 읽을 때는 '도약'과 '멈춤'이 일어난다. 이 실험에서는 글을 읽을 때 도약의 시간을 제거해 읽기에 필요한 시간을 단축해보기로 했다. 이는 앞서 BBC에서 소개한 신기술과 같은데, 글을 한 단어씩 제시하되 각 단어 중 한 글자는 주의집중을 위해 빨간색으로 강조하여 제시하는 방식을 택했다. 빨간색으로 글자를 강조한 것은 단어에 최적의 인식 지점을 지정해주어 가능한 한 안구운동을 적게 하면서도 뇌가 단어를 빠르게 처리하도록 도와주기 위한 장치였다. 글자가 나타나는 지점은 고정하여 변하지 않게 했다. 즉, 제시된 단어들을 읽으며 눈이 고정된 위치에 머물 수 있으므로 읽는 동안 안구가 이동할 필요가 없게 한 것이다. 결과는 어떠했을까?

```
┌─────────────────────────────┐
│                             │
│      We|come                │
│                             │
└─────────────────────────────┘
```

**그림 2-3 ▶** '도약'의 시간을 제거해 읽기 시간을 단축하기 위한 '시선 고정 읽기 실험'의 형태. 단어는 같은 위치에서 한 개씩 나오되, 중심 철자는 빨간색(그림의 색 글자 부분)으로 표시하여 집중을 도왔다.

31명의 참가자들은 처음에는 일반적인 방식으로 글을 읽고, 다음에는 시선 고정 읽기 방식으로 제시된 글을 읽었다. 각각의 방식으로 읽고 난 직후에는 이해도 테스트를 받았는데, 이해도 테스트는 앞서 읽은 텍스트의 내용을 그대로 떠올리는 재인 과제와 텍스트의 내용을 바탕으로 추가적인 정보를 추론해야 하는 추론 과제 두 가지로 구성되었다.

첫 번째인 일반적인 방식으로 글을 읽었을 때 참가자들은 평균적으로 19분이 소요되었는데, 시선 고정 읽기 방식으로 읽으니 평균 9분이 소요되었다. 글의 전체 길이가 같았음에도 읽는 방식에 따라 속도가 2배 이상 빨라진 것이었다. 시선 고정 읽기 방식이 낯설다는 반응도 있었지만 대다수의 참가자들은 한 번 정도 테스트를 해보면 금세 적응하는 모습을 보였다.

이해도 테스트 결과는 조금 달랐다. 읽는 시간을 줄이는 데 있어 큰 성과를 낸 건 시선 고정 읽기 방식이었지만, 읽기를 잘하는 사람이든 못하는 사람이든 모든 참가자들이 시선 고정 읽기 방식으로 읽었을 때 일반적인 방식으로 읽었을 때보다 10% 정도 이해도가 낮았다. 일반적인 방식으로 읽었을 때는 100점 만점에 평균 79점이 나온 반면, 시선 고정 읽기 방식에서는 70점 정도가 나온 것이다. 또한 일반적인 방식에서는 텍스트 종류에 따른 이해도의 차이가 없었지만, 시선 고정 읽기 방식에서는 비문학 텍스트에 대한 이해도가 더 떨어지고(일반적인 방식 79%, 시선 고정 읽기 방식 68%), 특히 텍스트 종류에 상관없이 난이도가 낮은 텍스트(75%)에 비하여 난이도가 높은 텍스트(65%)에서 이해도가 10%나 떨어지는 것으로 나타났다. 이를 통해 텍스트를 고정점에 제시하여 안구의 도약을 제거하면 읽는 시간을 줄이는 것은 가능하지만, 제대로 읽는다고 할 수 있을지 의문이 든다는 결론을 내릴 수 있었다.

참가자들의 소감은 어땠을까. 실험에 참가했던 이들은 시선 고정 읽기에 대해 "기억이 나는 게 없다. 진짜 다 휘발해버린 것 같다", "키워드가 한눈에 들어오는 것 같아서 읽을 때는 좋았는데 조금만 집중을 안 하면 내용이 넘어가서 내용 파악하는 것이 오히려 어려웠다. 막상 문제를 내니까 훨씬 더 헷갈리더라", "이해가 안 된 문장을 다시 더듬어 볼 수도 없이 바로 넘어가서 그냥 '멍때리면서' 보게 되더라"고 소감을 이야기했다. 한 참가자는 "눈을 깜빡이는 동안 지나간 텍스트들은 못 읽었고, 기억해야지 하면서 읽다 보면 놓치게 되는 부분이 더 많아졌다. 처음 보는 명칭 같은 경우에는 잘 기억이 안 나거나 아주 일부만 기억나는 것 같다"고 하며 "결국 내가 기억한 것이 맞는지 자신이 없었다"고 했다. 이해에 도달하지 못하는 시선 고정 읽기란 그저 글자를 풍경처럼 지나치며 보는 것과 다를 바 없었던 것이다.[8]

## 빠르게 읽기는 얼마나 효율적일까

아직 포기하기엔 아쉬웠다. 빠르게 읽으면서 이해도 할 수 있는, 두 마리 토끼를 잡는 방법은 없는 걸까? 읽기에서의 이해력, 속도, 효율성에 대해 연구한 미국 미주리대학교 로널드 P. 카버 Ronald P. Carver 교수는 빠르게 읽는다고 자부하는 독자들로 구성된 4개의 그룹이 서로 겨루게 했다. 각 그룹은 챔피언 스피드 리더 (공인된 속독 대회나 프로그램에서 우수한 성적을 거둔 사람들), 빠른 대학생

리더(별도로 실시한 읽기 속도 테스트에서 상위권에 든 대학생들), 많은 독서가 필요한 성공적인 전문가(변호사·의사·연구원 등 직업상 많은 양의 독서가 요구되며 해당 분야에서 성공적인 경력을 가진 전문가들), 속독 테스트에서 가장 높은 점수를 받은 학생들(학교나 연구 기관에서 실시한 속독 테스트에서 최고 점수를 받은 학생들)이었다.

연구팀은 참가자들에게 일반 지식, 과학, 문학 등 여러 분야에 대한 다양한 난이도와 주제의 텍스트를 "최대한 빨리 읽되, 내용을 이해할 수 있을 만큼만 빠르게 읽으라"고 한 후 다지선다형 문제 풀이, 요약문 작성, 즉각적인 회상 테스트 등을 통해 이해도를 측정했다. 그 결과, 일반적인 읽기에 비해 당연히 읽기 속도는 증가했지만, 일반적으로 70~80% 수준이었던 이해도는 빠르게 읽었을 때 크게 떨어졌다. 특히 가장 빠른 읽기 속도를 보인 그룹(챔피언 스피드 리더)도 이해도 측면에서는 다른 그룹과 별다른 차이를 보이지 않는 수준으로 낮아졌고, 상대적으로 느린 읽기 속도를 보인 성공적인 전문가 그룹이 오히려 이해도 측면에서는 높아졌다. 그러나 어떤 슈퍼 독자도 75% 이상의 이해도를 유지하며 분당 600개 이상의 단어를 읽을 수는 없었다.

카버는 '속독'이 실제로 이해도를 유지하면서도 읽기 속도를 크게 향상시킬 수 있다는 주장에 의문을 제기하며, 인간의 인지 처

| 그룹 유형 | 읽기 속도 /<br>분당 평균 단어 | 이해도(정확도) /<br>% |
|---|---|---|
| 챔피언 스피드 리더 | 600-700 | 50-60 |
| 빠른 대학생 리더 | 400-500 | 55-65 |
| 성공적인 전문가 | 350-450 | 60-70 |
| 속독 테스트 고득점 학생 | 500-600 | 50-60 |

**표 2-1 ▶** 빠르게 읽는 독자들의 읽기 속도와 이해도를 분석한 결과, 아무리 빠르게 읽어도 75% 이상의 이해도를 유지할 수는 없었다.

리 능력에는 일정한 한계가 있어 읽기 속도를 극단적으로 높이는 것이 실질적인 이해도 향상으로 이어지지는 않는다고 주장했다. 그러면서 단순히 빠르게 읽는 것보다는 효과적으로 이해하며 읽는 것이 더 중요하고, 읽기 능력 향상을 위해서는 속독 훈련보다 어휘력 향상, 배경지식 확대, 목적에 맞는 적절한 읽기 전략 등이 더 중요하다고 강조했다.

## 속독을 외치며 우리가 놓친 것들

어렸을 때 속독을 배워서 꽤 빨리 글을 읽을 수 있었던 수지 씨는 속독법을 계속 유지할 수는 없었다고 이야기했다. "고등학교, 대학교에 들어가서는 그 방법이 잘 통하지 않더라고요." 그 외에도 또 다른 문제가 있었다고 했다. 언제부터인가 독서를 즐겁게 하기가 힘들어졌다는 것이다. 필요와 타의에 의해 책을 읽다 보니 책 읽는 동기를 스스로 찾기 힘들었기 때문이었는지, 아니면 책 읽기에 질린 것이었는지는 잘 모르겠지만 그 후로는 독서가 더는 즐거운 경험이 아니었다고 했다.

중고등학생 시절 대치동의 논술학원에서 일주일에 몇 권씩 어려운 책을 읽었던 한 대학생은 "논술학원을 다니지 않으면서 책을 읽을 이유가 없어졌고 그 이후로 독서와는 '안녕'을 했다"고 말했다. 취재하며 만난 대학생이나 지인인 수지 씨 둘 다 학창 시절 비슷한 경험을 했고, 그들을 보니 독서와 멀어질 수밖에 없었겠다는 생각이 들었다. 속독학원이나 논술학원에서 배우던 당시에는 빠르게 읽어내고 요약하고 문제를 푸는 것이 가능했겠지만 이를 지속적으로 하기는 쉽지 않았을 것이다. 왜냐하면 '빠르게'와 '많이'에 집중하는 읽기 방식은 우리의 뇌가 행하는 읽기의 메커

니즘과 맞지 않기 때문이다.

글을 읽는다는 것은 단순히 문자를 지각하거나 순간적으로 기억하는 것이 아니라, 글의 주요 내용을 파악하고 자신이 가진 지식과 유기적으로 연결하는 이해의 과정 전체를 말한다. 특히 어려운 텍스트일수록 더 많은 집중력과 깊이 있는 사고가 읽기의 전 과정에 필요한데, 내용을 충분히 소화하지 못하고 단순히 눈으로 보고 지나치며 처리하는 것은 '이해'라는 읽기의 최종 목표에 도달하는 데 부족하기 때문이다.

글을 읽기 위해 안구가 이리저리 움직이는, 불필요한 것처럼 보이는 '도약' 과정이 실은 '고정' 시에 추출한 시각 정보를 뇌에서 처리할 시간을 위해 존재하는 것이고, 제대로 읽지 못해서 되돌아가는 것처럼 보이는 '회귀'도 새로운 정보를 확인하고 우리 뇌에서 기존 지식과 연결할 시간을 위해 존재하는 것이다. 결국 읽기에서 나타나는 안구의 도약 과정이나 회귀 현상은 텍스트 이해라는 목표를 가장 효과적으로 수행하기 위해 우리의 뇌와 안구가 협업하는 과정의 일부인 것이고, 복합적인 텍스트 이해의 과정에 필수적인 요소들이 반영된 결과라 할 수 있다.

인류 중 가장 글을 빨리 읽을 수 있었던 킴 픽이 책의 좌우 페이지를 따로 읽을 수 있었던 것은 그의 대뇌 좌우를 연결하는 뇌

량corpus callosum이 결손되어 있었기 때문이다. 보통의 사람과 달리 좌뇌와 우뇌가 서로 영향을 받지 않기에 가질 수 있었던 '비범한 능력'이었다. 킴 픽이 아닌 우리는 그처럼 병렬로 읽을 수 없다.

앞서 시선을 고정한 채 빠르게 읽는 방법에 대한 실험을 진행한 인지신경언어학자 한양대 남윤주 교수는 "숙련된 독자는 안구운동의 패턴이 최적화될 수 있고 그래서 더 빠르게 글을 읽어낼 수 있을지도 모른다. 시각 폭을 넓히는 훈련을 해서 '도약' 횟수를 줄이고, '회귀' 횟수를 줄이기 위한 훈련도 할 수 있을 것이다. 그러나 그 경우 발생하는 오독의 가능성을 무시할 수 없으며, 눈이 가진 한계를 그 이상으로 극복할 수는 없다"고 했다.

빨리 읽기를 훈련하면 여러 줄을 한눈에 보며 뛰어넘기도 하고 안구를 고정시켜서 읽는 시간을 줄일 수 있겠지만, 그 과정에서 생략된 도약과 회귀는 정작 정보를 처리하고 소화할 시간을 갖지 못하게 하고 잘못된 내용을 확인함으로써 정확한 이해에 도달하는 것을 막는다. 시각적 인식능력을 키우는 것이 글자를 빠르게 읽는 방법이 될 수 있다는 미네소타대학교의 연구 결과는 눈동자를 다양한 위치로 빠르게 움직이는 방법 등 속독학원의 훈련과 동일한 시각적 인식의 원리에서 나온 것으로 보인다. 하지만 읽는 속도를 빠르게 하는 데 일부 성공한 결과에도 불구하고, 연구자들은 이 실험이 실생활에서 읽는 길이에 비해 짧은 문장들로 테스트를 한 것이고 개인차에 따라 결괏값의 차이가 크다는 한계가 있다고 하며 "속독에 대한 일상적인 훈련법은 없다"고 했다.

　본질적으로 우리가 읽는 행위를 하는 것은, 문제를 하나 더 맞히거나 더 좋은 성적을 얻거나 사회적으로 성공하기 위해서만은 아니다. 그런 목표도 중요하고 필요한 것이지만 그러다 보면 읽기를 수단으로만 여기게 되어 그 즐거움을 잃어버린다. 읽기의 진짜 목표인 이해와 활용, 공감을 획득하기 위해서는 '보기'만이 아닌 다른 요소들이 필요하다. 고정하고 도약하면서 처리할 여유를 가져야 하고, 때로는 회귀하면서 재검토도 해야 한다. 때로 멈추어서 쉴 때 더 멀리 볼 수 있는 것처럼 더 빠르게 읽기 위해서는 역설적으로 더 천천히 읽고 앞의 것을 자주 되새기며, 읽기 자체에 집중해야 한다. 속독의 달콤함이 빼앗아간 진짜 가치를 찾을 때 비로소 비약적인 도약이 가능하다.

# 3 쉽게 간과하는 문해력의 본질, 빈익빈 부익부

## 어디 영유 다녀요?

"다섯 살에 한글 떼고, 여섯 살에 영어유치원 들어가서, 일곱 살에는 중국어 배워야죠."

유아 대상 문해력 프로그램인 EBS 〈문해력 유치원〉을 준비할 때 강남에서 아이를 키우는 지인에게 들은 얘기다. 통칭 '영어유치원(정확히는 영유아 대상 영어학원)'이라고 불리는 곳에 대한 높은 관심은 익히 알고 있었지만, 일곱 살에 3개 국어라고……? 가능하냐고 물었더니, "해야죠"라는 답변이 돌아왔다. "다들 그렇게 한다"고. 정말일까? 정말, 하면 되는 걸까?

바야흐로 '7세 고시'가 난리다. 의대 진학을 위해 7세부터 준비한다더라, 잘나가는 영어유치원에 들어가기 위해서는 따로 입학시험을 봐야 한다더라 등, 유아교육 시장에서 영어유치원은 마치 당연한 선택인 양 그 기세를 자랑하고 있다.

만 5세인 지우는 영어유치원에 다닌다. 집에는 수천 권의 책과 시중에 나와 있는 웬만한 교구들로 가득하다. 지우는 엄마와 영어로 곧잘 말할 뿐만 아니라 영어로 간단한 문장도 쓸 수 있다. 발음도 원어민 수준이고, 한국어로 질문하면 영어로 답하는 경우도 있다. 어려운 영어 단어도 재미나게 공부한다. 영어와 한글 공부 중에 뭐가 더 좋으냐고 물었더니 "영어가 더 재밌다"고 당연하다는 듯 답했다. 또래보다 영어를 압도적으로 잘 말하고 쓰는 지우는 주변의 부러움을 많이 받았다. 지우 엄마 또한 그에 대해 자랑스러워했다. 그런데 한글 공부에서 문제가 생겼다. 6세가 되어서 한글 공부를 시작했는데 한글을 무척 낯설어하고 한글 공부도 싫어했다. 영어를 이렇게 잘하고 좋아하는데 한글은 왜 잘하지 못하는 걸까?

한국은 전 세계에서 문맹률이 압도적으로 낮은 나라다. 단일 언어를 쓰는 단일민족이 대다수이기도 하고, 세계에서 가장 배우기 쉬운 글자라 불리는 한글 덕분이기도 하다. 때문에 오해도 생긴다. 한글은 쉬우니까, 누구나 금방 배울 수 있으니까, 그래서 많은 사람들이 '한국어'도 쉽다고 여긴다. 한글이 쉽다고 한국어도 쉬운 걸까? 글자를 읽을 수 있고 단어를 알면, 읽고 이해하고 쓰는 전 과정 또한 누구나 쉽게 할 수 있는 걸까? 6세 아이가 한국어를 마스터하고 영어를 배우는 것이 지극히 당연한 능력인 것일까? 당연하게 여겨왔던 것들을 하나하나 짚어보기로 했다.

지우의 한국어 실력에 대해 기초 문해력 테스트를 해봤다. 흔히 문해력은 글자를 배우는 단계에서 생겨난다고 생각하기 쉽지만, 사실은 태어나면서부터 발달한다. 때문에 글자를 익히지 않은 유아기에도 문해력은 이미 자라고 있다. 서울대 아동가족학과 최나야 교수는 유아기 기초 문해력을 구성하는 6가지 중요 요소를 꼽았는데, 이는 다음과 같다.

- **음운론적 인식**: 말소리를 듣고 구조를 분석하고 조작하는 능력.
- **이야기 이해**: 이야기나 읽어주는 책의 내용을 듣고 의미를 파악하고 추론하는 능력.
- **어휘력**: 알고 있는 어휘의 양과, 어휘를 적절하게 이해하고 사용할 수 있는 정도.
- **기초 읽기**: 유아가 문자를 인식하여 읽는 능력. 주변의 환경에서 인쇄물 등의 익숙한 단어를 재인하는 것을 말함.

- **소근육 발달**: 손가락과 같은 작은 근육(소근육)을 움직이고 조절하는 능력.
- **기초 쓰기**: 유아가 소근육을 이용하여 끼적이고, 그림을 그리고, 문자 등의 상징을 쓰는 기초 기술.

글자를 채 깨치지 못해도 지우의 문해력 수준으로는 위와 같은 능력들이 어느 정도인지를 파악하여 확인할 수 있었는데, 6가지 요소 중 특히 어휘력이 눈에 띄었다. 지우가 구사하는 수용 어휘의 양이 또래에 비해 꽤 적었던 것이다.

수용 어휘는 단어를 듣고 그 단어가 무슨 뜻인지 이해하는 것을 말한다. 검사자가 불러주는 단어를 듣고, 책의 한 페이지에 그려진 그림들 가운데 그 단어의 이름을 가진 그림을 고르는 것으로 검사를 진행한다. 글자를 알고 모르는 것과는 관계가 없으며, 유아들도 부모와 성인, 친구와의 대화에서 흔히 익혔을 법한 단어를 대상으로 확인한다. 처음 지우를 봤을 때 또래 친구들에 비해 말을 못한다는 생각을 하진 못했다. 자기 주장도 있고, 생각도 꽤 잘 표현하는 것 같았는데 그건 완전히 착각이었다. 알고 있는 단어 속에서만 표현했던 것이다. 어려운 영어 단어도 쉽게 내뱉는 지우에게 왜 이런 일이 생겼을까?

흔히 언어 감각이 좋은 아이가 있다고들 한다. 말이 빠르고 또래보다 말을 잘하는 아이들을 그렇게 일컫는다. 언어 감각이 좋은 아이는 어릴 때 외국어 공부를 시작하면 이중언어가 가능하다는 말도 있다. 지우는 소위 언어 감각이 좋은 아이였다. 그렇기에 한국말도 곧잘 하면서(사실은 그렇게 보였던 것이지만), 영어는 또래보다 훨씬 더 잘할 수 있었다. 주위의 많은 어른들이 지우가 두 언어를 모두 충분히 잘한다고 착각할 수밖에 없었던 지점이 여기에 있다. 영어와 한국어를 적절하게 섞어서 하니 많은 경우 의사소통에 문제가 없었기 때문이다. 하지만 검사 결과, 지우가 알아들을 수 있는 한국어 어휘의 양은 또래 친구들보다 현저히 적었다. 이유는 시간 때문이었다.

언어 감각이 좋은 지우에게도 다른 친구들과 동일하게 부여된 조건이 있다. 하루가 24시간이라는 사실이 바로 그것이다. 영어를 공부하는 만큼 한국어에 투입되는 시간은 줄어들 수밖에 없었고, 영어유치원에 다니고 영어 숙제를 하는 시간이 하루 중 한국어를 하고 한글을 쓰는 시간의 양과 질에 비해 절대적으로 컸다. 영어가 더 편하고 익숙하니 한국말을 하는 시간은 더 줄어들었다. 언어를 익히는 데는 투입하는 시간과 양 모두 중요하다. 한국에서 태어났고, 부모가 한국인이라고 해서 한국어를 잘하는 것은 결코 당연한 일이 아니다. 한글을 읽고 쓰는 게 한국인이라면 당연히 할 수 있는 것이라고 여기는 순간, 격차가 벌어지기 시작한다.

## 속도 경쟁 속에 무시되는 개인차

여섯 살 유인이는 12월생이다. 한국 나이로 여섯 살이라 유치원 6세 반에 다니지만, 만으로는 같은 반 친구들과 한 살 가까이 차이가 나기도 한다. 유인이가 여섯 살이 되자 같은 반의 몇몇 아이들이 글자를 읽기 시작했다. 마음이 급해진 엄마는 유인이를 붙들고 한글 공부를 시켰다. 임신 중이라 조만간 둘째가 태어나면 큰아이인 유인이에게 한동안은 신경을 쓰기가 어려울 수밖에 없어 더욱 조바심이 났다. 급한 마음에 아이를 앉혀놓고 엄마가 직접 'ㄱ, ㄴ, ㄷ'부터 가르치기 시작했다. 손에 펜을 쥐고 천천히 한 글자씩 쓰면 금방 배울 수 있을 거라 생각했지만 그때부터 엄마와 유인이의 전쟁이 시작됐다.

하루에 1시간씩 엄마가 유인이와 같이 한글 공부를 시작하자, 그 전까지 좋았던 모녀 관계는 순식간에 달라져버렸다. 유인이가 그림 그리는 걸 좋아하기에 연필을 쥐고 글자를 쓰는 것도 어렵지 않아 할 거라 생각했지만 오산이었다. 유인이는 급기야 연필을 집어 던지고 통곡하기 시작했다. 배 속에 있을 때부터 독서 육아를 해서 책을 좋아하게끔 키워온 아이건만, 한글 공부를 시작하자 좋아하던 책 읽기마저도 흥미가 뚝 떨어졌다. 다른 아이들은 이미 글자를 읽기도 하고 쓰기도 한다는데 친구들보다 늦어지는 것 같아 엄마의 마음은 초조했지만, 이러다 아이와의 관계까지 나빠질까 걱정이 되어 겨울 내내 붙잡고 있던 한글 공부를 중단하기로 했다.

유인이는 글자 공부가 왜 그렇게 싫을까? 다른 아이들은 다 한다는데 왜 우리 아이만 안 되는 것 같을까? 유인이 엄마는 본인이 잘못 가르친 탓이 아닐까 침울해했다. 유인이 엄마에게 아이가 왜 그러는지 물어보았느냐고 했더니 이렇게 대답했다.

"손이 아프대요. 그러면서 우는데…… 그림 그리는 건 너무 좋아하거든요. 똑같이 손에 쥐고 하는 건데, 그림 그리는 건 되고 글자 쓰는 건 왜 안 되는지 모르겠어요."

유인이와 또래 아이들을 모아 연필을 쥐게 하고, 그 모습을 관찰해봤다. 아이들은 최대 6개월 차이였다. 글자를 모르는 게 당연한 나이라 스케치북에 짧은 문장을 적어두고 그 글자를 똑같이 따라 쓰게 했다. 그림 그리는 모습도 관찰했다. 어떤 아이는 성인과 유사하게 연필을 쥐고서 또박또박 어렵지 않게 글자를 따라 쓰고 그림을 그리기도 했지만, 어떤 아이는 처음부터 연필을 주먹 쥐듯 단순하게 잡는 경우도 있었다. 이런 아이들은 열심히 필기구를 쥐고 글씨를 쓰다가도 이내 팔이 아픈 듯 팔을 공중에 휘저었고 글씨를 쓰는 속도도 확연히 떨어졌다. 유인이는 어땠을까? 처음에는 성인과 유사하게 '성숙한 잡기'로 연필을 쥐는 듯했으나 이내 주먹을 쥐듯이 둥글게 고쳐 잡았다. 글씨를 조금 따라 쓰는 듯하더니 흥미를 잃고 먼 곳을 응시하기도 했다.

쓰기 위해서는 연필이나 사인펜 같은 도구를 손에 쥘 수 있어야 한다. 아이들이 연필을 쥐는 모습을 살펴보면 저마다 다른 방식을 사용하는 것을 볼 수 있다. 아주 어릴 때는 주먹을 쥐듯 필기구를 들고 있는 '주먹 잡기'나 손바닥이 거꾸로 돌아간 상태와 같은 '손가락 내전 잡기' 같은 형식을 취한다. 발달이 성숙하지 않은 초기에는 연필을 손에 들고만 있는 상태라고 보면 된다. 이후 네 손가락으로 쥔다거나(네 손가락 잡기) 엄지·검지·중지에만 힘을 준 상태(정적 삼점 잡기, 엄지 교차 잡기 등)로 글자를 쓰는 등의 여러 과정을 거치면서 손에 힘을 덜 주면서도 글씨를 편하게 쓸 수 있는 '성숙한 잡기'가 가능해진다. 일찍 한글을 떼서 글자를 잘 읽는 아

| 초기 잡기 | | 전이적 잡기 | | |
|---|---|---|---|---|
| 주먹 잡기 | 손가락 내전 잡기 | 네 손가락 잡기 | 정적 삼점 잡기 | 엄지 교차 잡기 |

**그림 3-1 ▶** 이스턴켄터키대학교 콜린 슈넥 교수와 앤 헨더슨의 논문에 언급된 '미성숙한 잡기'의 예. 위의 다양한 과정 끝에 아이들은 자연스럽게 성숙한 잡기에 이른다.

이들 중에 쓰기를 유난히 싫어하고 글자를 쓰라고 하면 '손이 아프다'고 호소하는 경우가 간혹 있는데, 이는 글자를 쓸 정도로 소근육이 발달하지 못해서 그럴 가능성이 있다. 실제로 실험 때 손이 아프다고 한 아이들 전원이 '미성숙한 잡기' 상태였다.

만 3세에서 6세 사이 아동 320명을 대상으로 조사한 결과, 4세 아동의 34%가 전이적 잡기(초기 잡기와 성숙한 잡기의 중간 단계) 상태로 연필을 쥐는 것으로 나타났다. 5세 아동의 경우 19%가, 6세 아동의 경우는 8% 정도가 미성숙한 잡기를 했다.[1] 쓰기는 손가락 근육이 발달해야 가능한데, 소근육은 성장하면서 같이 발달한다. 읽고 쓰는 능력은 발달에 영향을 받으므로 사람마다 발달의 속도와 단계가 다르듯이 읽고 쓰기에도 개인차가 존재하는 것이다. 그런데 어른들은 아이들이 동일한 개월 수면 비슷하게 모든 걸 할 줄 알게 된다고 여긴다. 여섯 살이 되면 읽을 줄 알고, 일곱 살이 되면 쓸 줄 알 것이라고 말이다. 다른 아이가 할 수 있으면 당연히 내 아이도 해야 하고, 심지어 더 잘해야 한다고 여긴다. 아이들은 제각각의 속도로 자라지만, 이런 속도 경쟁은 개인차를 무시하며 강화된다.

## 문해력에서도 벌어지는 '빈익빈 부익부' 현상

발달에는 분명히 개인차가 있다. 더구나 문해력은 '빈익빈 부익부'의 대표적인 사례로 꼽힌다. 한번 문해력에 격차가 생기면 특별한 개입이 없는 한 그 차이가 줄어들지 않고 더욱 커진다. 원래 문해력이 부족했던 아이는 학년이 올라가고 나이가 든다고 하더라도 여전히 빈곤한 상태에 머물고, 문해력이 풍부하고 튼튼했던 아이는 성장할수록 더욱 빠르고 탄탄하게 성장하여 더 높은 문해력을 갖출 수 있다.

유니버시티칼리지런던에서 기초 문해력을 오랫동안 연구해온 제니 라일리Jeni Riley는 초등학교에 갓 입학한 만 5세 아이들을 대상으로 이런 질문을 했다. '이제 막 초등학교에 입학한 아이들의 문해력은 얼마나 차이가 날까?' 결과는 충격적이었다. 라일리는 조사를 통해 한 반에 있는 같은 나이의 아이들에게서 5년 정도의 발달 격차가 발견된다고 보고하였다.[2] 즉, 1학년에 갓 입학한 학생들 중에는 만 3세 수준의 읽기 능력을 가진 아이가 있는 반면, 만 8세 수준의 읽기 능력을 가진 아이도 있는 것이다.

생각해보면 이는 당연한 일이다. 아이들마다 생김새가 다르듯 발달의 속도도 다르기 때문이다. 아이들이 처해 있는 가정환경과 대화의 양, (누군가가) 책을 읽어준 양도 각기 다르다. 저마다 본인이 처한 '문해 환경'이 다르기에 문해력 또한 그 크기가 다를 수밖에 없다. 하지만 한국의 교육과정은 학교에 입학할 무렵의 아이들이 모두 동일한 출발선에 있다고 암묵적으로 전제한다. 청주교육대학교 엄훈 교수는 이러한 가설은 '허구'라고 주장한다. 초등학교에 입학하기 전부터 이미 격차가 벌어져 있고, 심지어 이 격차는 학년이 올라갈수록 유지되거나 더 벌어진다는 것이다. 또한 특별한 교육적 개입이 없다면 아이들 개개인의 읽기 발달 특징은 학년이 올라간 후에도 그대로 유지될 가능성이 크다.[3] 더구나 학령기 초기에 벌어진 이 '초기 문해력'의 차이는 한 아이가 학교생활 전체에 걸쳐 학습의 성공을 제한하거나 실패를 증폭할 가능성이 높다.

플로리다주립대학교 교수이자 플로리다 독서연구센터 이사인 바버러 R. 푸어먼Barbara R. Foorman은 초등학교 1학년을 시작할 무렵 읽기 능력이 뒤처진 아이가 별다른 노력을 기울이지 않았을 경우 학년 말까지 뒤처질 확률은 88%이며, 3학년이 끝날 무렵 읽기 능력이 뒤처진 아이가 9학년이 끝날 무렵까지 뒤처질 확률은 74%라고 밝혔다.[4] 세계적인 인지심리학자이자 독서심리학자인 키스 E. 스타노비치Keith E. Stanovich는 이른 시기에 읽기에서 높은 성취를 보인 아이는 성장한 후에도 뛰어난 능력을 보이는 반면, 3~4학년 이전에 읽기 학습에서 실패를 경험한 아이는 이후 평생 동안 읽기에 어려움을 겪는 현상을 발견하기도 했다.[5]

많은 부모들이 아이가 처음 뒤집기를 한 순간을 기억한다. 언제 처음 말을 뗐는지, 언제부터 걸었는지도 기억한다. 아이들이 모두 저마다의 속도로 자란다는 것을 안다. 한글도 마찬가지다. 글자를 언제 떼느냐, 혼자 읽을 수 있느냐에 많은 부모들이 신경을 쓴다. 그런데 이상하게도 글자를 혼자 읽을 수 있다고 생각하면 그다음부터는 '읽기'라는 게 당연히 누구나 할 수 있는 것이라고 생각한다. 그렇지 않다. 아이들의 발달에는 분명 개인차가 있고, 문해력 발달에도 그 개인차는 영향을 끼치며, 인지하지 못하는 사이에 그 격차는 쌓인다. 그렇게 우리는 성인이 된다.

## 초등 교과서를 읽는 직장인

성인이 되면 학생 때처럼 공부할 일이 없으니 문해력 때문에 어려움을 겪는 일은 별로 없을 것 같지만, 사실은 그렇지 않다. 물류회사에서 일하는 30대 초반의 정연 씨는 하루에 100통 이상의 업무 메일을 받는다. 참조로 엮여서 업무 상황을 인지하기만 하면 되는 경우도 있지만, 간단한 표와 함께 현재 본인의 상황을 짧게라도 보고해야 하는, 즉 답장을 써야 하는 메일도 많다. 메일을 읽는 데에만 하루에 2~3시간 정도를 쓴다고 했다. 문제는 메일을 읽고 답하는 건 '업무'라기보다는 '업무 전 단계', 즉 일을 처리하기 위한 기본 단계에 불과하다는 것이다. 동료들은 1시간 이내에 메일 확인 및 답장을 끝낸다고 했다. 빠르게 읽고 답장을 쓰는 것이 힘든 정연 씨는 처음 이 일을 시작할 때 너무 괴로웠다고 했다. "다른 일을 해보는 건 어떠냐?"는 질문에 그녀는 고개를 저었다. 그나마 이 일이 낫다는 것이다. 예전 회사에서 보고서 작성을 했는데, 본인이 10장 이상 쓴 보고서를 부서장이 2장으로 압축해서 만들었을 땐 자괴감이 들었다고 했다.

정연 씨는 살면서 문해력이 자신의 발목을 잡을 거라고 생각해 본 적이 없다고 말했다. 학교 시험에서 '국어'의 영역으로만 생각했기 때문이다. 그런데 정작 회사를 다녀보니 영어보다도 한국어가 더 힘들었다. 쏟아지는 메일을 빠르게 읽고, 피드백을 하고, 정리하는 것만으로도 다른 사람보다 2~3배의 시간이 걸리니 야근이 잦을 수밖에 없었다.

그녀는 더 이상 괴롭게 지낼 수 없어서 성인을 대상으로 하는 국어·독서 학원에 갔다. 학원에서 간단한 테스트를 받았고 초등 고학년 교과서부터 읽기 시작했다. 자신에게 맞는 수준부터 다시 시작한 것이다. 교과서를 소리 내어 읽었다. 무슨 의미인지 곱씹으면서 읽었다. 정연 씨에게 초등 교과서로 읽기 연습을 하는 것이 자존심 상하지 않느냐고 물었더니 의외의 대답이 돌아왔다.

"처음으로 문학 지문이 재밌다는 생각이 들었어요. 읽고 내 생각도 말해보고…… 내가 이런 걸 짚어보고 생각해본 적이 있었나? 재밌더라고요."

본인이 읽고 이해하고, 이를 바탕으로 생각하고 질문하는 과정을 초등학교 교과서부터 다시 짚어보기 시작한 것이다. 지금은 매일 신문을 읽는다. 꼼꼼히 읽으면 기사 하나, 신문 한 페이지 읽는 데도 시간이 꽤 걸린다고 한다. 하지만 그래도 매일 하고 있다. 그 사이 메일을 읽고 피드백을 하는 시간이 많이 줄어들었다. 쏟아지는 메일을 보며 공포에 가까운 감정을 느끼던 마음도 한결

편해졌다. 아직은 보고서를 잘 쓸 자신이 없지만 그래도 언젠가는 과거의 트라우마에 맞닥뜨려보리라 다짐하고 있다. 정연 씨의 훌륭한 점은 자신의 실제 수준을 받아들이고 그 지점에서 시작했다는 것이다.

## 왜 우리는 격차를 내버려두나

혹자는 차이가 나는 것은 가슴 아프지만 어쩔 수 없는 것 아니냐고 반문한다. 개인이 처한 사회적, 경제적, 문화적 환경이 다르지 않느냐고 하면서 말이다. 문해력은 글자를 배우기 이전부터, 말을 듣고 이해하고 소통하는 과정에서 시작된다. 그렇기에 문해력은 태어나면서부터(어쩌면 태아였을 때부터) 발달하고, 때문에 개인차가 생기는 것은 당연하다. 앞서 말한 것처럼 바탕이 잘 다져진 사람은 더 급속히 발달하고, 취약한 사람은 발달 속도가 더딘 전형적인 '빈익빈 부익부'의 특성을 지니기 때문이다. 하지만 문해력은 직업이나 연봉뿐만 아니라 자존감·건강·수명에까지 영향을 끼치는, 그야말로 전 생애에 걸쳐 인생을 좌우하는 중요한 요소다. 결코 개인의 책임으로 두어서는 안 되는, 생존을 위한 최소한의 역량이다.

 그럼에도 불구하고 왜 우리는 어릴 때의 문해력 격차가 유지된 채 자라는 경우를 목도하게 되는 것일까? 왜 성인이 되어서 각자의 노력으로 보완할 수밖에 없는 것일까? 많은 사람들이 학교교육이 문제냐고 물어본다. 문제인 것은 맞다. 학교가 제대로 가르치지 않아서가 아니다. 학교가 제대로 가르칠 수 있도록 제도가 갖춰지지 않아서다. 아이들의 발달 속도는 다르지만, 우리는 유난히 조금 늦게 발달하는 아이들, 이미 격차가 나서 시작점이 다른 아이들의 존재를 인정하지 않는다. 마치 입학 전의 모든 아이들이 동일한 환경에서 자라는 것처럼 생각한다. 냉정하게 생각해보자. 현실에 차별과 격차가 있다면, 최소한 학교와 사회는 그 격차를 줄이기 위한 시스템을 마련해야 한다.

 뉴질랜드는 읽기 저성취자들에 대한 교육에서 압도적인 시스템을 갖추고 있다. 문해력 교육에 있어서 '한 아이도 놓치지 않는다'는 교육 방침을 가지고 있는데, 발달심리학자인 마리 클레이Marie Clay의 주장이 적극 반영되었다. 마리 클레이는 아이들의 발달 수준과 단계에 대한 연구를 하려고 초등학교를 살펴보다가, 같은 학년인 아이들 사이에도 학습 격차가 매우 크다는 사실을 알게 되었다. 이는 뉴질랜드의 독특한 인구구성 때문인데, 이민자가 많은 데다 이주가 잦은 원주민들은 학교에 잘 나오지 못하는 경우가 많기 때문이다. 학생들 사이의 읽기 격차를 줄이기 위해 1976년 마리 클레이는 '리딩 리커버리Reading Recovery'라는 제도를 고안했고, 뉴질랜드는 1983년에 이 제도를 국가정책으로 받아들여 현재까지 운영하고 있다.

리딩 리커버리 수업은 대상 아이들을 또래의 평균 수준으로 끌어올려 추가 도움 없이도 교실에서 효과적으로 학습할 수 있도록 하는 것을 목표로 한다. 현재 리딩 리커버리 제도를 운영하길 희망하는 뉴질랜드의 모든 학교는 이 제도를 신청할 수 있으며, 이에 수반하는 운영비, 교사 연수 과정 등 일련의 모든 과정과 비용은 뉴질랜드 교육부에서 지원한다. 리딩 리커버리 수업은 현실에 존재하는 '격차'로 인해 탄생했으며 격차를 해결하기 위한 뉴질랜드 교육정책의 의지이자 근간이 되고 있다.

리딩 리커버리 수업은 체계적인 과정으로 설계되어 있다. 아이들이 초등학교 1학년(한국 기준으로는 유치원 단계)에 입학하면, 1년 동안 담임과 리딩 리커버리 전문 교사가 모든 학생의 언어 발달을 주기적으로 관찰하고, 2학년으로 올라가는 시점에 또래보다 모국어의 발달이 뒤처진 아이들을 리딩 리커버리 수업 대상자로 선정한다. 아이들은 짧게는 6개월에서 길게는 1년까지 전문 교사에게 매일 30분씩 일대일로 특별 수업을 받는데, 대부분의 아이들이 이 기간 동안 부진 단계에서 평균(혹은 평균 이상)의 단계로 올라선다. 1학년과 2학년 때는 부진이었던 아이들이 3학년 때는 같은 학년 친구들과 비슷한 수준이 될 수 있도록 교육적으로 개입하는 것이다.

뉴질랜드에서 만난 초등학교 6학년 준이는 국적이 뉴질랜드이고 사용하는 언어는 영어인 한국계 2세였다. 뉴질랜드에서 태어나고 자라서 영어를 유창하게 했고, 부모가 한국인이라서 발음은 좀 어눌하지만 한국어도 일상적인 대화가 가능한 수준 정도로 하는 편이라 이중언어자라 할 수 있었다. 가장 좋아하는 과목은 작문으로, 초등 6학년인데도 A4 용지 3~4장 분량의 글도 어렵지 않게 썼고 작문으로 상도 받곤 했다. 내가 본 준이는 언어 감각이 아주 좋은 아이였다.

그런데 준이가 처음부터 글을 잘 읽고 쓴 건 아니었다. 뉴질랜드에서 태어나 영어를 국어로 익힌 준이건만, 초등학교에 입학하고 1년 동안 관찰한 결과 국어(영어) 과목에서 또래 친구보다 성취 수준이 낮았다. 준이는 초등학교 2학년이 되면서 리딩 리커버리 대상자가 되었다. 담임과 전문 교사는 친구들과 같은 수업을 받아서는 준이가 친구들의 평균 수준을 따라가기 어렵다고 판단했다. 준이는 매일 30분씩 특별한 수업을 받았고, 1년도 채 되지 않은 기간에 리딩 리커버리 프로그램을 완료했다. 평균 이상의 초등학교 2학년 수준이 됐다고 판정을 받은 것이다. 프로그램은 끝났지만 준이는 초등학교 6학년인 당시에도 주기적으로 리딩 리커버리 전문 교사를 만났다. 프로그램이 끝난 후에도 담당 교사들은 아이가 이후 교실 수업에서 어려움을 겪지는 않는지, 수업을 받는 것에 문제가 없는지를 최소 3년 동안 추적 관찰하기 때문이다. 실제 준이의 성적표를 보니 초등학교 2학년까지는 전국 평균 이하라고 기재되어 있었지만, 3학년부터는 전국 평균 수준, 5학년 2학기부터는 일부 과목이 평균 이상, 6학년은 전 과목이 평균 이상 수준이었다. 준이는 리딩 리커버리 수업의 목표대로 또래 친구들의 수준만큼 올라왔고, 그 이후에는 또래보다 더 빠르게 성장하고 있었다.

### 평균 이하의 아이가 문해력을 회복하기까지

준이의 부모는 한국에서 나고 자라 성인이 된 이후에 뉴질랜드로 이민을 간, 온전히 한국 교육만을 받은 성인 이민자들이었다.

만약 한국에서 어느 날 학교 선생님으로부터 "아이가 다른 아이들보다 좀 느린 것 같다"는 연락을 받으면 어땠을 것 같으냐고 물어보았다.

내 질문에 준이 부모는 순간 할 말을 잃은 듯했다. 서로 얼굴을 잠시 쳐다보더니 매우 조심스러운 말투로 정말 많이 걱정했을 거라고, 발을 동동 구르며 이 학원 저 학원 뛰어다니며 어떻게든 해결해보려고 개인적으로 애썼을 거라고 했다. 그 과정에서 아이도 마음을 다치고 본인들도 상처를 받았을 거라는 말도 덧붙였다. 충분히 납득이 되는 상상이었다. 다행히 뉴질랜드 학교에서는 보호자에게 전화를 걸어 초등학교 1학년 동안 관찰한 결과를 알려주고 그에 따른 해결책을 제시했으며, 리딩 리커버리 프로그램을 진행하는 중에도 주기적으로 진행 상황과 아이의 변화 정도를 전해줬다고 했다. 부모는 학교에 대한 믿음으로 크게 걱정하지 않을 수 있었고, 준이도 전문 교사에게 받은 특별한 수업이 무척 즐거운 기억으로 남아 있었다.

초등학교 저학년 때 다른 친구들보다 글을 읽고 이해하는 수준이 조금 느렸던 준이 같은 아이들은 한국이나 뉴질랜드, 그 어느 나라에도 반드시 있고 생각보다 꽤 많이 있다. 그럼에도 어떤 사람들은 이렇게 툭 내뱉기도 한다.

"애가 좀 머리가 나쁘거나 문제가 있는 거 아니야? 다들 때 되면 쉽게 읽고 쓰는데……."

고등학생인 준이의 언니는 거의 완벽한 수준의 이중언어 구사자다. 어렸을 때부터 공부를 잘했고, 언어 때문에 고생한 적도 전혀 없다. 부모나 가정환경이 동일한데, 준이와 언니는 왜 차이가 있는 걸까? 6학년인 준이의 학교 활동과 성적을 보면 학업 능력에는 전혀 문제가 없어 보이는데, 준이는 왜 초등학교 1~2학년 시절에 다른 친구들보다 읽기 능력이 떨어졌던 것일까? 사뭇 그 차이가 벌어진 원인이 이해가 가지 않아 리딩 리커버리 전문 교사에게 이유를 물었다.

"이유가 중요한가요? 원인은 수십, 수백 가지가 있을 수 있죠. 중요한 건 지금 그 아이가 어디에 머무르고 있느냐고, 어떻게 그 아이가 자신이 원하는, 자신에게 필요한 읽기 능력을 갖출 수 있게 하느냐죠. 우리는 단 한 명의 아이도 놓치지 않아야 합니다."

아이들은 같은 속도로 자라지 않는다. 기질과 처한 환경에 따라 천천히 배우는 아이들도 있다. 천천히 배운다는 것은 다른 친구들보다 못하거나 부족한 것을 의미하지 않는다. 출발점에서의 속도가 좀 느리다는 것뿐 지능이나 의지, 재능을 가지고 있기에 그 속도에 맞는 도움과 지원이 있다면 충분히 잘 성장할 수 있고 오히려 나중에는 또래 친구들보다 더 나은 결과를 보이기도 한다. 준이를 보니 한국에서 만났던 친구들이 떠올랐다. 나의 과거에도 더듬거리며 책을 읽던 친구들이 있었다. 그 친구들이 그저 나이를 먹고 성인이 된다고 해서 어느 날 문득 글을 잘 읽고 이해하게 될 수 있었을까? 분명한 것은 문해력은 본질적으로 개인차가 무척 크고, 그 능력이 누적되어 발달한다는 특징이 있다는 것이다.

왜 우리는 빨리 한글을 떼는 데에만 관심이 있을까? 왜 글자를 제대로 읽고 있는지는 확인하지 않을까? 잘 읽지 못하는 사람이 있는데도 왜 그 사람을 돕는 제도는 없는 걸까? 글자를 잘 읽지 못하는 아이, 언어능력이 부족한 아이는 특별히 정해진 게 아니다. 모든 아이는 각자의 속도를 가지고 자라기 때문이다. 조금 늦게 걷기 시작한 아이가 나중에는 함께 걷고 달릴 수 있도록 돕는 것이 교육이고, 이 또한 사회가 해야 할 일이다. 문해력은 그렇게 누구에게나 귀중한 자산이 된다.

# 4 '책 읽기는 재미없어요'라는 말에 숨겨진 진실

## 오늘 하루 몇 글자나 읽었나요

중학교 2학년 훈이를 처음 만난 건 어느 여름이었다. 축구를 좋아하는 훈이는 잘 웃고 성격도 좋아서 친구들에게 인기가 많았다. 즐겁게 대화를 나눈 후, 마지막으로 자신을 어떤 사람이라고 생각하는지 물어보았다. 훈이는 잠시 생각하더니 뜻밖의 답변을 내놓았다.

"저는 산만한 사람이에요."

예상치 않은 답변에 순간 말문이 막혔다. '산만하다'는 표현은 어떻게 봐도 긍정적인 이미지는 아니기 때문이었다. 훈이도 그걸 분명 알고 있었다. 훈이는 자신이 "가장 많이 듣는 말"이고 그것 때문에 자주 혼난다고 했다. 이 아이는 왜 스스로를 설명하는 단어로 '산만하다'라는 단어를 떠올리게 되었을까?

훈이의 평소 모습이 궁금해서 학교생활을 관찰해보기로 했다. 학교의 협조를 받아 수업 시간에 훈이의 모습을 찍을 수 있도록 책상에 셀프 카메라를 부착했다. 자기 책상에 자신을 지켜보는 카메라가 있다는 걸 훈이도 알고 있는 상황이었다. 수업이 시작되자, 훈이는 열심히 눈을 반짝이며 수업을 듣기 시작했다. 필기도 하고 선생님의 말씀을 조용히 따라 하기도 했다. 정자세로 앉아서 수업에 열중하는 모습은 사뭇 진지해 보였다. 하지만 10분쯤 지나자, 허리를 곧추세우고 앉아 있던 훈이가 몸을 뒤틀기 시작했다. 어깨를 잠깐 돌리는 듯하더니 뒤에 앉은 친구도 슬쩍 쳐다봤다가 이내 앉은 자리에서 몸을 앞뒤로 움직이기 시작했다. 수업 시간 40분 중 나머지 30분은 그렇게 흘러갔다.

문해력 테스트 결과, 훈이는 중학교 2학년 교과서를 읽고 이해할 수 있는 수준이 아니었다. 실제로 훈이는 평소 수업에서는 모르는 단어가 많아서 집중하기 힘들었다고 고백했다. 수업 내용을 이해하지 못하는 아이가 40분이라는 시간을 집중하기는 힘들다. 불가능에 가까운 일이다. 얼핏 훈이의 행동이 이해가 갔다.

좀 더 자세히 알아보기 위해 평소 생활을 함께 관찰해보기로 했다. 수업 시간 외의 모습을 보기 위해 방학 중에 훈이를 만났다. 오전 10시부터 오후 5시까지 함께했는데, 동네 보습학원에 1시간 30분 동안 있던 시간을 제외하고 훈이는 '종이'를 단 한 장도 보지 않았다. 훈이는 축구를 좋아해서 축구 게임도 자주 한다고 했는데, 그날 역시 아침에 일어나자 이내 컴퓨터를 켜고 축구 게임을 했다. 스마트폰으로는 유튜브를 틀어놓았다. 축구 게임을 하면서 입으로 리액션도 열심히 하는 동시에, 눈과 귀는 게임과 유튜브 콘텐츠를 같이 보았다. 이유를 묻자 하나만 하기엔 지루하기 때문이라고 했다. 게임을 2시간 정도 하더니 이번엔 웹툰을 봤다. 웹툰을 본 시간은 10분 정도로 무척 짧았다. 그러곤 밥을 먹고 소파에 앉아서 스마트폰을 했다. 스마트폰으로는 게임을 하기도 하고 드라마를 보기도 했다.

훈이가 하루 중에 글자를 읽은 건 웹툰 볼 때 혹은 유튜브 콘텐츠의 자막 정도가 전부였다. 중요한 건 훈이가 하나만 하는 경우가 드물고, 하나를 하더라도 지속시간이 짧다는 것이었다. 그런데 의아스러운 것은 훈이가 게임을 하면서도 썩 즐거운 느낌은 아니었다는 것이다. 많이 좋아하는 것도 아닌데 왜 이렇게 오래 하는 걸까. 잠시 혼란스러웠다. 훈이의 대답은 이랬다.

"심심해서요. 할 게 없잖아요. 게임은 그냥 하는 거예요."

비단 훈이뿐만이 아니다. 대부분의 어른도, 학생이 아닌 직장인도 그렇다. 현대인이라면 게임과 유튜브, 스마트폰을 피하며 살기는 힘들다. 특별히 재미있어서 한다기보다는 늘 내 옆에 있고 그게 아주 익숙해진 상태에 가깝다. 나 역시 마찬가지다. 책을 읽다가도 심지어 이 글을 쓰는 중에도 자주 스마트폰을 확인한다. 누군가에게 연락이 와서가 아니다. 뭔가 하다가도 조금 지치는 기분이 들면 스마트폰을 열어서 게임도 했다가 인스타그램도 봤다가 메일도 본다. 별게 없다. 그러고 다시 할 일을 한다.

점점 더 집중력이 줄어들고 있다는 건 나 역시 느낀다. 직업상 나는 수십 장의 원고를 집중해서 읽곤 한다. 읽을 때는 논리적으로 연결이 자연스러운지, 이야기가 재미있는지, 촬영에서 달라진 것 혹은 보완된 것은 없는지 등을 생각하며 읽어야 한다. 언론사 입사 시험을 준비하던 때에는 하루 대부분을 읽고 쓰는 일에 시간을 보내기도 했고, 직업적으로도 중요한 능력이기에 집중해서 긴 글을 읽는 것에는 어느 정도 트레이닝이 되어 있는 편이다. 그런 나조차도 집중력이 떨어지고 있음을 온몸으로 느끼고 있다.

처음 그 사실을 깨달았던 건 인터넷으로 심층기사를 읽었을 때다. 다큐멘터리를 만들려면 기획 단계에서 방대하게 자료를 조사해야 한다. 논문은 당연하고 뉴스 기사들도 수시로 살펴본다. 그

날은 자료를 찾던 중 내가 관심 있던 주제를 아주 잘 설명한 심층 기사를 발견했다. 이렇게 운이 좋을 수가. 쉽게 해답을 찾을 수 있을 것 같아 속으로 쾌재를 부르며 기사를 읽기 시작했다. 첫 단락을 읽고 두 번째 단락을 읽으니 사진이 나왔다. 세 번째 단락을 읽기 시작하려는 순간, 딴생각을 하고 있는 자신을 발견했다. 왜 이러지? 세 번째 단락의 첫 줄로 다시 돌아가 읽기 시작했다. 네 번째 단락까지 이어서 읽고 다섯 번째 단락이 되자 또 딴생각이 났다. 순간 진땀이 났다. 정말 필요해서, 내게 매우 많이 도움이 되는 일이라서 집중을 하려고 다짐하고 읽는데도 내 집중력이 이 정도라고? 나는 왜 이렇게 되었을까 당황스러웠다.

## 디지털로 열심히 읽은 아이들의 반전

왜 점점 산만해지고 있는지, 특히 긴 글을 읽을 때 왜 더 산만해지는 것 같은지 그 이유를 명확히 밝히기는 어렵다. 원인을 증명하려면 변인이 통제되어야 하는데, 우리의 일상을 완벽하게 통제하기란 불가능에 가깝기 때문이다. 다만 유력한 가설을 검토해 볼 수는 있다. 바로 읽기의 방식이 바뀌었다는 점이다. 요즘은 우리 일상의 많은 경우가 디지털에 의존한다. 읽기도 그중 하나다. 디지털로 읽는 것과 종이로 읽는 것은 읽기 능력과 집중력에 다른 결과를 줄까?

덴마크 출신의 학자 제이콥 닐슨Jakob Nielsen[1]은 디지털 읽기가 'F자형 읽기'의 특징을 지닌다고 했다. 그는 사람들의 시선을 추적하는 장치를 통해 사람들이 디지털에서 무언가를 볼 때 어떻게 읽는지를 관찰했고, 그 결과 맨 위 첫 번째에서 세 번째 줄의 문장만 끝까지 읽고 중간까지 뛰어넘은 뒤 중반부 한두 문장을 읽을 뿐 이를 제외한 나머지는 읽지 않는다는 것을 발견했다. F자형 읽기는 그 패턴이 알파벳 'F'와 모양이 같다고 해서 붙여진 이름이다.

마우스로 스크롤을 내리는 자신의 모습을 떠올려보면 쉽게 이해가 갈 것이다. 흥미가 있는 글을 클릭해서 처음 2~3줄은 열심히 읽다가 스크롤을 휙 내려 중간 정도에 흐름을 살펴보고, 다시 스크롤을 휙 내리는 행동을 반복한다. 특히 F자형 읽기는 의미 있는 정보로 눈을 끌기 위한 강력한 단서가 없을 때 나타나는 기본 패턴이다. 제목이나 부제목, 기호나 서식 등과 같은 유용한 안내 단서 없이 웹페이지가 그저 텍스트 중심으로만 구성되어 있을 경우 이러한 패턴이 두드러지게 나타난다. 이 연구에 따르

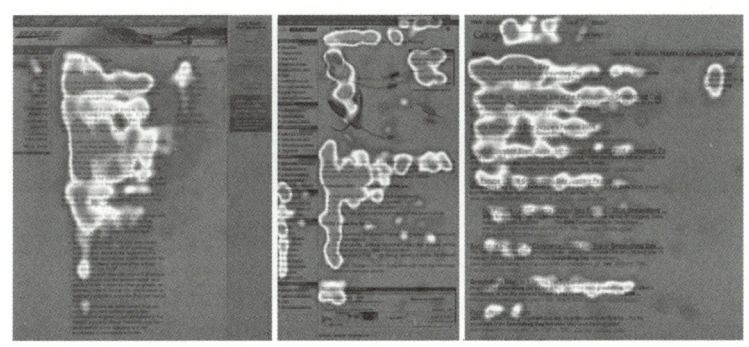

**그림 4-1 ▶** 제이콥 닐슨은 시선 추적 연구를 통해 우리가 웹페이지의 글을 읽을 때 'F'자 형태로 읽는다는 사실을 발견했다.

면 디지털 매체로 100개의 단어를 읽을 때 소요되는 시간은 평균 4.4초인데, 아무리 빨리 읽는 사람도 4.4초 만에 읽을 수 있는 단어 수는 18개 정도에 불과하다. 즉, 웹으로는 글을 거의 읽지 않는다고 봐야 한다는 것이다.

F자형 읽기는 중요한 정보를 놓칠 수 있기 때문에 학습이나 업무에 효과적이지 않지만, 최소한의 노력으로 빠르게 정보를 확인할 수 있다는 장점이 있다. 수많은 정보가 쏟아지는 현대의 웹 환경에서 F자형 읽기는 훑어보기의 가장 효과적인 방법 중 하나로서 시간 낭비를 줄일 수 있는 방식이다. 때문에 F자형 읽기를 마냥 나쁘다고 말할 수만은 없다. '위키노믹스', '프로슈머', '디지털

캐피털' 등 인류의 변화에 따른 다양한 개념을 세상에 널리 퍼뜨리며 디지털 구루로 인정받아온 경영학자이자 베스트셀러 작가인 돈 탭스콧Don Tapscott[2]은 "디지털 읽기에서는 다양한 자료를 스캔하고 다양한 웹을 돌아다니며 찾고, 정보가 적절한지를 분석하고 종합하고, 링크를 클릭할 때 어떤 질문에 대한 답을 찾고 있는지를 기억할 수 있는 능력"을 갖추어야 하기에, F자형 읽기와 같은 훑어 읽기의 능력을 통해 멀티태스킹이 가능해진다면 뇌에 도움을 줄지도 모른다고 전망하기도 했다.

반면 니콜라스 카Nicholas Carr[3]는 가볍게 훑어보기와 같은 읽기 전략은 사람들이 깊이 읽고 생각하는 것을 막고 산만하게 하며, 긴 문서를 읽어내는 참을성을 약화시킨다고 주장했다. 그 또한 닐슨의 주장과 같이, 전통적인 개념으로 볼 때 "온라인에서는 읽지 않고 있다"고 주장했다. 나아가 디지털 기기가 제공하는 다양한 정보 자극에 우리의 주의력이 분산될 경우 집중력 저하로 인해 기억과 학습에 부정적 영향을 미친다고 했다. 우리가 외부로부터 받아들이는 지각 정보를 장기기억으로 전환하기 위해서는 해마에서 깊이 있게 처리하는 과정이 필요한데, 이를 위해서는 전두엽의 주의집중이 요구된다. 그런데 온라인에서 제공되는 다양한 정보 자극은 작업기억의 과부하를 가져오고, 이는 전두엽이

한 가지 대상에만 집중하는 것을 어렵게 한다는 것이다.[4]

　우리가 온라인에서 글을 읽을 때 정말 F자형으로 읽는 걸까? 이를 확인하기 위해 중학교 2학년 학생 6명을 대상으로 실험을 했다. 시선이 어떻게 움직이는지 확인할 수 있는 아이트래킹 eye-tracking 장비를 쓴 채 웹상에서 3페이지 정도 되는 장문의 기사를 읽게 했다. 이론에 따르면 시선이 기사의 맨 앞 2~3줄 정도에 잠시 머물렀다가, 그 이하는 첫 단어 정도만 찍고서 휙 하고 마우스를 내려야 했다. 그리고 아주 짧은 시간 안에 전문을 후루룩 지나친 후 읽기가 끝나야만 했다. 가뜩이나 긴 글을 읽기 싫어하는 아이들이니 이론대로 결과가 나오리라 예상했다.

　기대를 가득 안고 학생들을 지켜봤는데 웬걸, 아이들이 너무 열심히 기사를 읽는 게 아닌가. 3분이 지나고 5분이 지나도 기사를 꼼꼼히, 한 줄 한 줄 열심히 읽어나갔다. 지루해하는 기색도 없었다. 눈빛은 초롱초롱 빛나고 앉은 자세도 흐트러짐이 없었다. 후에 시선 추적 결과를 보니 F자는커녕 한 단어 한 단어 아주 꼼꼼히 읽은 것으로 분석됐다. 실험이 망했구나, 라고 생각했다.

　반전은 실험이 끝나고 개별 인터뷰를 진행할 때 일어났다. 실험은 망했지만 실패한 이유는 알아야 했기에 학생들 전원과 일대일로 인터뷰를 하며 어떤 기사를 읽었는지, 기사 내용은 무엇이었는지 물었다. 실험을 준비할 때부터 있었던 질문 그대로였다. 그런데 기사 내용을 기억하는 학생이 한 명도 없었다. 내용이 전혀 기억나지 않는다고 했다. 겨우 기억하는 것은 어떤 소재에 대한 것인지 정도였다. 낯선 장비를 착용한 데다 촬영이라 바로 앞에서 카메라가 돌고 테스트도 진행 중인 것 같으니, 모두 잘하고 싶었던 것이다. 눈은 분명 글자를 읽었지만 머리로는 전혀 내용이 들어오지 않았다. 당연하게도 집중력이란 가만히 앉아 있는 것을 말하는 게 아니다. 집중을 한 결과까지 나의 몫으로 가져올 수 있어야 하는 것이니, 결론적으로 그날 테스트에 참가한 학생들 중 제대로 집중한 사람은 한 명도 없었다.

### 집중력 전쟁

2020년에 방영된 EBS 다큐프라임 〈다시, 학교〉는 대한민국에서 처음으로 '문해력'이라는 개념을 다룬 방송이다. 문해력을 다루는 프로그램을 처음 할 때라 아무래도 문해력이 하락한 원인이 무엇인지 근거를 제시해야겠다고 생각했다. 가장 유력한 가설 중 하나는 스마트폰 사용이었다. 이를 위해 경북대학교 김혜정 교수와 함께 2000명 이상의 초중학생을 대상으로 설문조사를 했다. 스마트폰 사용과 책을 읽지 않는 현상은 관련이 있을까? 조사 결과, 스마트폰을 일찍 사용할수록 독서 태도가 나빠져 비독자가 될 가능성이 높았다. '스마트폰이 아직 없다'고 한 초등학생의 독서 태도가 일찍 사용하기 시작한 학생에 비해 유의하게 높게(좋은 것으로) 나왔다. 스마트폰 사용 시간이 많을수록 독서 시간 또한 유의하게 감소했다. 특히 책을 읽지 않는 비독자 집단의 경우, 전 학년(조사 대상인 초4~중3)에서 스마트폰 사용 시간이 매일 2시간 이상인 학생이 70% 가량이었고 그 비율은 학년이 올라갈수록 더욱 증가했다.

미국 육군 행동 및 사회과학 연구소ARI의 캐리 스토다트Cary Sto-thart 박사는 스마트폰의 알림을 받는 것과 주의집중력의 관계에 대해 연구했다.[5] 200명의 학생을 대상으로 실험한 결과, 사용자가 스마트폰을 무시하려고 할 때에도 스마트폰의 존재만으로 주의가 방해되는 것을 확인할 수 있었다. 알림 소리를 듣거나 진동을 느끼는 것만으로도 참가자의 주의가 산만해지고 주요 작업 시 집중력이 감소하기에 충분했다. 연구자들은 스마트폰의 알림이 해야 할 일과 무관한 생각을 촉발하여 주요 작업에서 성과가 저하된 것이라 분석했다.

사회심리학자 빌 손턴Bill Thornton 박사는 휴대전화가 존재하는 그 자체만으로도 인지적 성과에 영향을 미친다고 분석했다. 그는 실험 참가자에게 약간의 주의력만 있으면 할 수 있는 아주 쉬운 과제를 제시했다. 특정 숫자나 1 더하기 2와 같은 간단한 덧셈의 답을 찾아 지우거나, 1부터 25까지의 숫자를 순서대로 선으로 연결하는 것과 같은 것들이었다. 다만 실험을 시작할 때 실험자가 '실수로' 참가자의 책상에 휴대전화나 노트북을 두고 왔다. 휴대전화를 앞에 둔 참가자는 노트북을 앞에 둔 참가자보다 훨씬 더 과제 수행 결과가 나빴는데, 특히 어려운 과제에서 더욱 차이가 났다. 휴대전화가 눈앞에 '있는 것만으로도' 주의가 산만해졌고, 또한 집중력이 요구되는 어려운 과제에서 휴대전화가 끼치는 주의집중력 저하의 영향은 더욱 컸다.

템플대학교의 헨리 H. 윌머Henry H. Wilmer 교수는 위의 연구를 포함하여 스마트폰에 대한 연구들을 메타분석한 그의 논문에서 스마트폰 사용이 장시간 집중을 요하는 활동에 미치는 영향에 대해 분석했는데,[6] 빈번한 미디어 멀티태스킹이 주의력 통제 능력 저하와 관련이 있으며 장기적으로 주의집중력과 깊이 있는 사고능력에 부정적 영향을 미친다고 결론 내렸다. 책 읽기는 장시간의 높은 집중력과 사고능력을 필요로 한다. 연구 결과를 통해 보면, 스마트폰 사용이 책 읽기에 부정적인 영향을 끼치는 것으로 해석할 수 있다.

당연하게도 주의집중력은 학업 성과에도 영향을 미친다. 뭄바이대학교의 모하드 아시프Mohd Asif 박사는 짧은 동영상(쇼츠) 시청이 학생들의 주의집중력과 학업 성과에 미치는 영향을 조사했다.[7] 고등학생 200명 이상이 참여한 이 연구에서 짧은 동영상을 시청하는 데 소요한 시간과 시험 점수 사이에는 부정적인 상관관계가 있는 것으로 나타났다. 하루에 1시간 미만 시청 그룹은 성적을 유지하였으나, 1시간 이상 3시간 이하로 시청한 학생은 성적이 소폭 하락했고, 4시간 이상 시청한 학생은 성적이 큰 폭으로 하락했다. 짧은 동영상을 하루에 4시간 이상 시청하는 10명의 학생들과 심층 인터뷰를 한 결과, 과도한 동영상 시청은 집중력 저하, 정보 기억력 감소, 즉각적 만족 선호 등과 연관이 되었다. 4시간 이상 시청하는 응답자들은 모두 몇 년 전에 비해 장시간 과제에 집중하는 것이 더 어려워졌다고 답했으며, 영화·책·강의와 같은 긴 콘텐츠에 대한 만족도가 떨어졌다고 답했다. 짧은 동영상에 익숙해진 사용자들은 짧고 쉽게 소화할 수 있는 콘텐츠를 선호하게 되었으며, 장시간 집중을 요하는 활동에 대한 인내심이 감소했다는 것을 확인할 수 있었다.

## 책 한 권을 완독한 적 없는 아이비리그 학생

날로 떨어지는 문해력과 주의집중력은 한국의 어린 학생들만의 문제가 아니다. 소위 명문대라고 하는 해외의 여러 대학들 또한 학생들의 문해력 하락과 집중력 저하로 골머리를 앓고 있다.

1998년부터 미국 컬럼비아대학교에서 문학을 가르치고 있는 니콜라스 데임스Nicholas Dames 교수는 오랫동안 한 학기에 여러 권의 책을 다 읽도록 커리큘럼을 짰지만, 최근에는 그렇게 하지 못하고 있다. 컬럼비아대학교는 손꼽히는 명문대이지만, 이제는 많은 학생들이 책을 읽을 수 있는 능력을 갖추지 못하고 있기 때문이다. 실제로 그의 학생 중 한 명은 "고등학생 때 책을 통째로 읽어야 하는 과제를 받은 적이 없다"며 자신이 이제까지 받은 과제는 발췌문, 시, 뉴스 기사 정도를 읽는 것이었기에 대학생이 된 후 '책을 통째로 읽는 과제'를 해야 해서 힘들다고 토로했다고 한다. 데임스 교수는 중고등학교를 통틀어 학생들이 책 한 권을 읽을 정도의 독서를 하지 않았다는 사실에 깊이 충격을 받았다.[8]

조지타운대학교 영문학과 대니얼 쇼어Daniel Shore 교수 또한 이와 비슷한 경험을 이야기했다. 그의 학생들은 소네트(단편) 한 편에 집중하는 데도 어려움을 겪고 있으며, 《오만과 편견》이나 《죄와 벌》과 같은 두꺼운 책을 매주 한 권씩 읽는 것은 불가능하다고 그에게 말했다고 한다. 문학 수업에서 토론하려면 단순히 책 한 권을 읽어내는 속도의 문제만이 아니라 전반적인 줄거리를 추적하면서 소설 내의 다양한 함의와 상징 같은 세부 사항에 주의를 기울이며 읽어야 하는데, 학생들이 매주 그런 정도의 깊이 있는 독서를 하는 데 어려움을 겪는다는 것이다. UC 버클리의 문학 교수인 빅토리아 칸Victoria Kahn 교수 또한 과거에는 매주 200페이지 분량의 독서 과제를 내주었지만, 지금은 분량을 절반 정도로 줄였다. 학생들이 긴 글을 읽는 데 익숙하지 않고, 장시간 집중하는 데 어려움을 겪기 때문이다.[9]

실제로 우리의 집중력이 달라진 걸까? 노스이스턴대학교 심리학 교수이자 인지 및 뇌 건강센터 소장인 아트 크레이머Art Kramer 박사의 연구에 따르면, "우리 대부분은 멀티태스킹에 능숙하다고 생각하지만 실제로는 매우 형편없다"[10]고 한다. 실제로 집중력에 대한 비교 연구 결과, 2004년에 사람이 한 가지 일에 집중할 수 있는 평균 시간은 2분 30초였는 데 반해 지금은 45초에 그친다. 이는 우리가 예전만큼 주의를 잘 기울이지 못하고 있으며, 멀티태스킹을 할 수 있다는 '착각'이 우리의 집중력을 망가뜨리고 있다는 증거다.

그가 집중력 저하의 원인으로 제시한 것은 3가지였다. 첫 번째는 마치 폭격과 같이 떨어지는 끊임없는 정보다. 예전에는 아침이나 저녁 뉴스를 보기 전에는 새로운 사실을 알기 어려웠지만, 지금은 실시간으로 우리 주위에 있는 숱한 스크린을 통해 정보를 받을 수 있다. 두 번째로 기술의 발전 또한 인간의 집중력을 흩트린다. 예를 들어 예전에는 차량에 라디오 정도밖에 없었지만, 지금은 동영상 시청이나 게임 등 예전에 비해 운전 중에 다양한 인포테인먼트를 즐길 수 있는 장치가 구비되어 있다. 마지막으로 정보 습득의 용이성을 들 수 있다. 현대에는 과거에 비해 정보를 찾는 것이 어렵지 않다 보니 무언가를 하던 중에도 다른 것에 빠르게 주의가 옮겨져, 기존에 하려던 중요한 작업에 주의를 다시 집중시키기 어렵다는 것이다.

### 스마트폰보다 독서가 재미있어지려면

스마트폰으로 대표되는 디지털 기기 없이 산다는 것 자체가 불가능에 가까워진 것이 오늘날의 현실이다. 그렇다면 우리는 어떻게 대처해야 할까?

서울대학교 아동가족학과 이순형 교수는 상대적으로 디지털 기기의 영향을 적게 받은 5세 유아 200여 명을 대상으로 종이책과 전자책을 읽을 때의 이해도와 주의집중력을 비교했다.[11] 실험에 사용한 전자책은 디지털이라는 매체로 보는 것일 뿐, 종이책처럼 흰색의 화면에 글자와 그림 이외에는 다른 자극(광고, 팝업창, 소리 등)이 없는 것이었다. 실험 결과, 종이책과 전자책이라는 전달 형식의 차이는 유아의 주의집중과 이야기 이해에 직접적인 차이가 없었다. 이 얘기는 종이책과 전자책 읽기에 따른 효과의 차이가 읽기 매체의 형태적 특성에서 기인한 것이라기보다는 전자책에서 주어지는 다양한 시청각 자극에 의해 유발된 것임을 알려준다.

문제는 상용화된 대부분의 유아용 전자책에는 시청각 자극이 포함되어 있다는 데에 있다. 실험 결과에 의하면, 유아의 흥미를 높이기 위해 이야기의 내용과 상관없는 자극들을 첨가할 경우 아이들의 집중력이 낮아졌다. 특정 대상이 반짝이거나, 갑자기 화면이 흔들리거나, 탭할 때 소리가 나는 것과 같은 다양한 자극들은 순간적으로 유아의 몰입 수준을 높이는 데 매우 효과적이었다. 그렇기에 자극이 내용과 관계없을 경우, 그 종류와 상관없이 자극 자체가 오히려 방해로 작용하여 집중력의 수준을 낮추었다. 즉, 내용의 흐름에 집중하던 아이들이 그 흐름을 깨는 자극으로 인해 주의집중 상태에서 벗어나게 된 것이었다.

문해력은 쉽게 길러지지 않는다. 읽기는 음운론적 지식, 어휘력, 배경지식 등 다양한 능력이 뇌 속에서 동시다발적으로 이루어져야만 가능하다. 때문에 '기적의 협업'이라고 부른다. 그런 과정이 차곡차곡 쌓여 문해력이 완성된다. 그래서 '읽는 행위'는 힘들고, 영상을 시청하는 것에 비해 오랜 시간이 걸린다. 그래서 무언가를 읽는 것에는 꽤나 많은 집중력이 요구된다. 왜 문해력이 떨어지고 있느냐고? 그건 우리를 둘러싼 사회가, 그리고 과학기술이 달라지고 있기 때문이다. 눈앞에 떨어지는 수많은 정보와 시청각 자극들이 우리의 즉각적인 반응을 유도한다. 오랜 시간 공들여야 쌓이는 문해력은 그렇게 위협받고 있다.

산만하다고 혼나기 일쑤였던 훈이는 EBS 제작진이 진행한 문해력 프로젝트에 참가했다. 친구들과 함께 방학 중 10주 동안 하루 3시간씩 글을 읽고, 의미를 파악하고, 같이 이야기를 나누는 시간을 가졌다. 그 기간 동안 우리는 훈이가 상상력이 무척 뛰어난 학생이라는 걸 알 수 있었다. 6명의 친구들 중 3행시 짓기도 가장 잘했다. 이전에는 수업 중에 집중하는 시간이 10분 남짓이었지만, 이제는 훨씬 더 긴 시간 동안 집중할 수 있었다. 무엇보다 문해력 수업을 하는 3시간 동안은 스마트폰이나 게임기 없이도 재밌게 수업을 듣고 친구들과 즐거운 시간을 보냈다. 집중력도 좋아졌고 문해력도 많이 향상되었다. 그 결과 3개월 후 기말고사에서는 학교에 다니는 동안 단 한 번도 받아보지 못한 89점이라는 국어 점수를 받을 수 있었다.

책 읽기가 어렵다고 말하는 사람들 중 꽤 많은 사람들이 '재미가 없다'고 말한다. 재미가 있지만 잘 읽히지 않는다고 말하는 사람들도 물론 있다. 하지만 두 경우 모두 원인은 동일하다. 바로 예전 같지 않은 집중력 때문이다. 언어심리학자인 마크 세이덴버그 교수 또한 마찬가지다. 그는 세계에서 손꼽히는 언어심리학자이지만 독서가 "어렵다"고 말한다. 다른 사람들과 마찬가지로 자신의 주의력이 점점 줄어들고 있기 때문이다. 때문에 그는 긴 텍스트를 보는 능력을 유지하기 위해 더 많은 노력을 기울이고 있다고 한다. 더 길고 더 어려운 텍스트에 보다 집중하겠지만, 앞으로는 더 많은 노력이 필요할 것이라고 말한다.

책은 좀 억울할 것 같다. 여전히 재미있는 책들이 많기 때문이다. 스마트폰이나 게임기가 없던 시절, 수업 시간에 숨죽여 무협지나 로맨스 소설을 읽던 기억을 떠올려보자. 그때의 책들은 정말 재미있었다. 선생님들께는 죄송하지만 교과서보다 압도적으로 재미있지 않았나? 달라진 건 '우리'다. 책보다 더 재미있는 것들이 나타났다. 그것들은 무척 재밌지만 안타깝게도 그 재미는 인간의 집중력을 노린다. 어느새 짧아진 우리의 집중력이 책의 재미를 미처 느끼기 전에 흩어져버리는 것은 아닐까.

　사라지는 집중력의 문제는 단지 개인의 문제만이 아니라 사회적·문화적 문제에 가깝다. 구조적인 문제 앞에서 인류가 더 많은 노력을 기울이는 것밖에는 방법이 없다. 어떤 방법이 있느냐고? SNS에 회자되는 말 중에는 이런 말이 있다. 책을 읽기 힘들게 하는 것은 바로 '나의 마음'이라는 거다. 나도 읽으려고 샀지만 아직 읽지 못한 책이 집에 수십 권 있다. 마음만이라도 가깝게 두려고 침대 옆에 서너 권을 쌓아뒀다. 하루에 10분이어도 된다. 하루 한 장이어도 좋다. 읽기는 어렵고 무서운 일이 아니다. 읽다 보면 반드시 재미를 느끼게 된다. 가벼운 마음으로 시작해보는 것, 그것이 바로 빠른 속도로 내달리는 집중력 저하 시대에 나의 집중력을 지키는 방법이다.

# 5 소리 내어 읽기를 무시한 대가

## 나, 난독증인가?

"어우, 나 난독증인가 봐. 요새 글이 너무 안 읽히네."

최근 글을 읽는 것이 힘들다며 읽기의 어려움을 호소하는 사람들이 많아졌다. 모국어인 한글조차 제대로 쓰거나 말하지 못한다며 스스로를 '0개 국어 가능'이라고 표현하는 이들도 있다. 혹시 문해력 하락 상태를 지나 실제로 난독증을 앓는 사람이 우리 사회에 늘어난 것일까?

우리가 쉽게 '난독증'이라고 하지만 실제로 글을 못 읽는 경우를 엄격히 따져 부르면 '읽기장애'[1]라고 한다. 읽기장애의 유무를 판단하기 위해서는 읽기 능력에 대한 검사는 물론 지능검사를 함께 실시하는데, 지능이 평균 범주에 있음에도 불구하고 읽기 능력에 어려움이 있는 상태여야 읽기장애, 즉 난독이라고 부른다. 최근에 난독증을 호소하는 이들이 많아지긴 했지만 한국의 실제 난독증 비율은 전체 인구의 3% 수준이라고 알려져 있으며, 이는 다른 나라들에 비해 매우 낮은 수준이다. 우리 사회의 난독 비율이 갑자기 높아졌다는 보고는 없기 때문에 근래 늘어난 난독에 대한 하소연은 아마도 '가짜 난독'으로 봐야 할 것이다. 읽기가 귀찮고 문해력이 하락해 읽기 속도가 더디거나 읽어도 잘 이해가 가지 않아서 '난독'이라고 말하는 경우가 늘어난 것으로 추정되지만, 실제 난독증과 읽기가 어려운 것은 다르므로 구분해서 써야 한다.

 의아한 것은 '난독'이라고 말하면서 걱정하는 사람들은 늘었는데, 어떤 노력을 하고 있느냐고 물으면 고개를 갸웃하는 사람들이 많다는 점이다. 난독인데 무슨 노력이 필요하냐는 의문이었다. 혹시 잘 읽히지 않을 땐 소리 내어 읽어보냐고 물으면 대부분의 성인들은 이렇게 반응한다.

 "그건 글자 못 읽는 아이들이 글자 배울 때나 하는 거 아닌가요?"

## 'ㅏ'와 'ㅓ'를 구분 못하는 아이들

앞서 말했듯이, 한국은 난독증 비율이 낮은 것으로 알려져 있다. 일본과 이탈리아 또한 인구의 2~5%로 낮은 편이지만, 영국이나 캐나다, 호주는 약 10%, 프랑스는 6~8%, 독일은 5~10%의 인구가 난독증을 겪고 있다고 한다. 미국은 전체 인구의 15~20%가 난독증 증상을 보이는 것으로 추정되며, 그 인구는 대략 4800만 명에서 6400만 명에 달한다. 어마어마한 숫자다. 물론 난독증을 어떻게 정의하는지, 연구의 방법과 진단의 기준이 어떻게 되는지에 따라 다르겠지만, 전 세계의 난독증 비율을 보면 꽤 많은 사람들이 읽기에 어려움을 겪고 있으므로 '누구나 글을 읽고 쓸 수 있다'고 쉽게 단정 지어서는 안 된다는 것을 알 수 있다.

미국 캔자스주에 사는 11세의 아멜리는 학교에 입학한 이후 일상생활과 학교생활에서 큰 어려움을 겪었다. 학교에서는 인지와 학습 능력이 떨어진다는 평가를 받았다. 아멜리는 학교생활이 무척이나 답답했다고 이야기했다. 하지만 아멜리는 어릴 때부터 주변 환경에 적응을 잘했고 일상생활에 전혀 문제가 없었으며 표현력이 뛰어난 말 잘하는 아이였다. 그림 그리기를 좋아했고 엄마나 언니가 책 읽어주는 것을 즐겼으며, 그 내용을 외워서 이야기하기도 했다. 때로는 나이에 비해 높은 수준의 책을 읽어주어도 따라갈 정도로 똑똑했다. 아멜리의 어머니는 총명한 딸에 대한 학교의 평가를 납득할 수 없었다. 그녀는 딸의 노트를 꼼꼼히 챙겨보았고, 딸이 쓴 글자들을 보며 문제가 있음을 알아차렸다. 아멜리는 'd' 대신에 'b'를 썼고 'q'와 'p'와 'g'를 잘못 쓰는 경우가 많았다. 이런 실수로 인해 아멜리는 학습 능력이 부족한 아이라는 평가를 받았는데, 학교에서는 아멜리의 난독증을 해결하려 노력하기보다는 배제하고 무시하는 식으로 대응했다. 학년이 올라갈수록 아멜리는 스스로에게 실망했고 자신감을 잃었다.

초등학교 1학년인 우성이는 한글을 읽는 데 큰 어려움을 겪고 있었다. 1년이 넘게 글자를 배웠지만 받침 없는 글자 몇 개를 읽을 뿐, 도무지 능숙해지지 않아서 아주 느린 속도로 떠듬거리며 읽었다. '저'를 '지'라고 하고 '커'를 '기'라고 하는 등 아주 기초적인 부분조차도 어려워했고, 새로운 문장을 읽을 때마다 틀리고 다시 읽기를 반복해 전혀 속도를 낼 수 없었다. 이로 인해 한글 읽고 쓰기를 가르치려는 부모와 매일 신경전을 벌이고 있었다. 읽기 공부를 "왜 해야 하냐"며 짜증을 내고 때론 심하게 화를 내며 울기도 했다. 'ㅏ'와 'ㅗ', 'ㅡ'와 'ㅣ'가 왜 다르냐는 질문을 하는 아이가 안쓰러웠지만 부모는 어찌해야 할지 난감할 따름이었다.

난독증 검사 결과 우성이는 읽기장애라는 판정을 받았고, 그 원인은 음운론적인 이해의 부족과 시공간에 대한 공간지각능력 부족 등으로 나타났다. 시각적 인지에 있어 부족함이 있고 이것이 문자를 인식하고 해독하는 데에도 나쁜 영향을 끼치고 있었다.

'b'와 'd'를 구분하지 못하는 아멜리나 'ㅏ'와 'ㅓ'를 혼동하는 우성이는 둘 다 난독의 어려움을 겪고 있었다.[2] 일반적으로 많은 사람들이 난독은 글자를 정확하게 인식하지 못하는 것이 원인이라고 생각한다. 때문에 자음과 모음이 어떻게 생겼는지를 익히게 하려고 애쓴다. 읽기 과정과 뇌의 작동 방식이 무척 복잡하고 복합적이라서 난독증의 원인은 아직 정확하게 밝혀지지 않았다. 하지만 '시각적 인식'보다 난독증에 더 큰 영향을 끼치는 것은 따로 있다.

### 음운 인식 능력이 난독증을 좌우한다

난독증에 대해 많은 연구자들이 공통적으로 이야기하는 것은 음운의 인식 또는 처리 문제가 가장 크게 영향을 끼친다는 것이다. 앞서 살펴본 것처럼, 시각 인식 또한 원인이 되기도 하지만 주된 이유는 음운 인식 때문이다. 영국 옥스퍼드대학교의 마거릿 스노울링Margaret Snowling 교수는 난독증 아동과 일반 아동을 대상으로 음소를 분리하거나 합성하는 등 음소를 조작하는 과제를 주고 그 결과를 비교하였는데, 난독증이 있는 아동은 동일한 과제에서 일반 아동보다 일관되게 낮은 성과를 보였다. 이는 난독증 아동이 언어의 기본 단위인 음소를 효과적으로 인식하거나 조작하지 못함을 시사하는 것이라고 스노울링 교수는 설명했다.[3] 또한 난독증 아동에 대한 종단연구도 진행했는데, 유아기에 음운 인식 능력이 부족한 아동은 이후 읽기장애로 발전할 가능성이 높았으며, 음운 인식 능력을 높이는 프로그램에 참여했을 때 효과적인 읽기 능력 개선 결과를 얻었다고 했다. 스노울링 교수는 음운 처리를 제대로 하지 못하는 것이 난독증의 핵심 원인이라 주장하며, 초기 음운 인식 능력이 이후 읽기 발달을 예측하는 중요한 지표라고 했다.

　스노울링 교수의 행동 실험과 종단연구뿐 아니라 fMRI 등 뇌신경학적 실험에서도 동일한 결과가 도출되었다. 미국 예일대학교 교수이자 의사인 샐리 셰이위츠Sally Shaywitz는 난독증 아동과 일반 아동 두 그룹을 대상으로 음운 인식과 관련된 과제(단어 읽기나 음소 분리, 혹은 소리의 유사성을 판단하는 과제)를 수행하도록 하면서 음운 처리와 관련된 주요 부위인 좌측 후방 측두-두정 영역과 VWFA 등의 뇌 영역에서 보이는 활성화 정도를 비교하였다.[4] 일반 아동에 비해 난독증 아동은 읽기와 음운 처리에 필수적인 영역에서 뇌 활성화가 현저히 낮게 나타났고, 일부는 음운 처리와 무관한 오른쪽 뇌 영역의 활동이 증가하는 등 비효율적인 대체경로를 형성한 것으로 보이기도 했다. 결국 난독증 아동의 경우 음운 처리에 필요한 신경 네트워크가 제대로 발달하지 않았고, 글자와 소리 사이의 매핑을 담당해야 할 신경 회로의 연결성과 활성화가 약화되어 있었다. 셰이위츠 교수는 음운 인식 결함이 난독증의 핵심 원인이라 하였는데, 특히 난독증 아동의 약 80%가 음운 인식에 어려움을 보인다는 점을 주목해야 한다고 했다.

### 읽기의 출발이자 핵심, 소릿값

우리가 글자를 눈으로 보면서 읽기 때문에 읽기와 시각의 관계에만 주목하기 쉽지만, 사실 읽기의 시작점은 소리다. 때문에 읽기를 잘하려면 자음과 모음의 소릿값을 잘 아는 것이 핵심적이다.

분명 문자를 눈으로 보고 파악하고 읽는 것인데 소리가 중요하다니 의아하기도 할 것이다. 나 또한 처음에는 읽기에 있어 소릿값이 중요하다는 점을 잘 이해하지 못했다. 읽기가 시각적인 정보를 처리하는 과정이라고 생각했기 때문이다. 하지만 우리가 언어를 배우고 이해하고 소통하는 과정에서 더 먼저, 더 오래 사용했던 감각은 소리다. '보기' 이전에 '듣기'가 있었던 것이다.

일반적으로 문자를 읽을 때는 크게 2가지 능력이 필요한데, 하나는 문자를 해독하는 능력이고 또 다른 하나는 듣고 이해하는 능력이다. 문자는 인간이 말소리를 표현하기 위해 발명한 코드, 즉 기호이다. 읽기 위해서는 내가 듣고 말하는 단어의 말소리와 글자가 어떻게 연결되는지를 알아야 한다. 글자를 보고 그 글자가 표현하는 소리를 알아내고 이를 머릿속에 기억하는 단어, 말과 매칭시켜서 그 의미를 확인하는 것이 바로 '해독decoding'이며, 이는 읽기의 첫 단계다. 세계적인 인지신경학자인 스타니슬라스 드앤도 "읽기 행위는 시각피질 영역이 인식한 일련의 글자가 음성언어로 처리되는 과정"이라고 하면서 글자를 읽게 되면 VWFA에서 배운 글자들을 인식하고 이를 뇌의 언어 영역과 바로 연결하여 소리와 의미로 전환하는 역할을 한다고 했다. 그리고 이 과정은 숨을 쉬는 것처럼 자동적으로 이뤄지지 않으며 제대로 배워야만 할 수 있다.

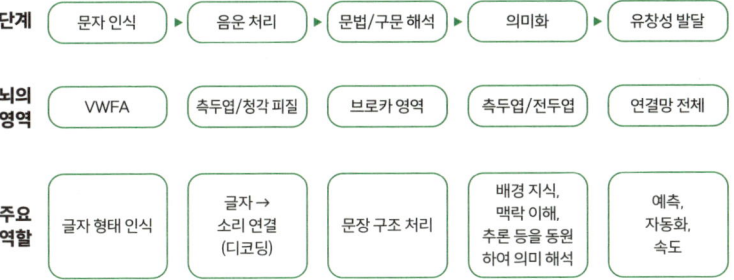

**표 5-1** ▶ 스타니슬라스 드앤이 제시한 읽기의 과정을 단계별로 표현한 것. 드앤은 읽기에서 '디코딩(소리화)'과 '통합(의미화)'이 동시에 작동한다는 점을 강조했다.

예를 들어 글자 '곰'을 생각해보자. '곰'은 'ㄱ'과 'ㅗ'와 'ㅁ'이라는 자모음이 합쳐져 만들어진 글자다. 우리가 이 글자를 읽기 위해서는 ㄱ의 소릿값인 /그/와 ㅗ의 소릿값인 /오/와 ㅁ의 소릿값인 /음/이라는 소리들을 합쳐야 '곰'으로 읽을 수 있다. 각 자음과 모음의 음가가 어떤지 알아야 '곰'이라는 글자를 읽을 수 있고, 글자를 읽어야 그와 동시에 음가를 동물 곰과 연결시켜 그 단어의 의미를 이해할 수 있다.

〈당신의 문해력〉을 제작할 때, 문해력의 뿌리가 폭발적으로 자라는 48개월 아이들을 대상으로 말소리의 구조를 알고 조작할 수 있는 음운론적 인식능력에 대한 검사를 진행했다. 아주 기초적인 수준에서 말소리의 구조에 맞게 말소리를 구분하거나 더하고 빼는 것이 가능한지 살펴보는 검사였는데, 예를 들어 다음과 같은 질문이 포함되었다(만약 집에 이 또래의 아이가 있다면 한번 물어봐도 좋겠다).

- 오리, 배구, 오이 중에서 첫소리가 다른 것은? (답: 배구)
- '파'에서 /프/ 소리를 빼면 무슨 소리가 남을까? (답: /아/)
- '책' 소리에 '미' 소리를 합하면 무슨 소리가 될까? (답: 책미)

실험에 참가한 아이들은 모른다고 하거나 엉뚱한 답을 말하기도 했고, '시끄러운 소리'나 '아름다운 소리'라는 아이다운 대답을 하는 경우도 있었다. 유아 23명의 음운론적 인식능력을 테스트한 결과는 46점 만점에 평균 5.17점으로, 100점 만점으로 환산하면 11점 정도였다. 만 4세는 음운론적 인식이 발달하기 시작하는 시기라 문제가 될 수준이 전혀 아니었고 이는 방송을 통해서도 밝혔지만, 생각보다 낮은 점수에 시청자들은 충격적이라는 반응이었다. 가장 높은 점수를 받은 아이는 46점 만점에 15점이었는데, 불과 48개월 남짓의 아이들에게도 개인에 따라 음운론적 인식능력에 큰 차이가 난다는 것이 놀라웠다. 가장 높은 점수를 받은 아이는 "'도깨비'에서 '도'를 빼면 남는 것은?"이나 "'불'에서 /을/ 소리를 /윽/으로 바꾸면?"과 같은 질문의 답을 맞혔고, 어휘력 등 전반적인 언어능력 또한 높았다.

자문을 맡은 서울대학교 아동가족학과 최나야 교수는 유아기의 문해력 발달에 있어 가장 중요한 것을 꼽으라고 하면 음운론적 인식이라 할 정도로 그 중요성을 강조했다. 문해력의 뿌리에 해당하는 기초 단계에서는 소리로 듣는 것이 먼저이고, 그걸 통해서 구어가 문어로 연결되는 과정을 아이가 깨닫고 배워나갈 수 있다. 더욱이 음운론적 인식의 개인차는 상당히 큰 편이고, 이러한 개인차가 문자에 대한 능력의 차이로 이어져 초기 문해력과 읽기 능력에도 영향을 끼친다는 점에서 보면, 음운론적 인식이 곧 아이들의 문해력과 직결된다고 할 수 있다.

문해력 발달, 언어 발달에 있어 소릿값의 중요성을 확인할 수 있는 또 다른 사례로는 조음과 관련한 문제를 들 수 있다. 조음 문제란 쉽게 말하면 발음이 부정확한 경우를 일컫는다. 조음 문제를 겪는 많은 아이들이 읽고 쓰기에도 큰 어려움을 겪는다. 취재 과정에서 읽기를 힘들어하는 초등학교 1학년 아이를 만난 적이 있는데, 그 아이는 어린 시절 중이염을 심하게 앓아 오랜 기간 대화가 원활하지 않을 정도로 귀가 아팠다고 했다. 듣기를 통한 언어 성장이 폭발적으로 이뤄져야 할 만 3~5세에 귀에 문제가 생기다 보니 말소리를 많이 듣지 못했고, 이는 언어능력의 저하와 함께 읽기와 쓰기 능력의 저하로 이어졌다.

48개월인 유준이도 이와 유사했다. 유준이는 어릴 적 귀가 아프거나 한 적은 없었지만 발음이 유독 좋지 않았다. 혀짤배기소리가 심했고, 'ㅅ'과 'ㅈ' 발음이 불명확했으며, 된소리 발음이나 'ㅏ', 'ㅓ', 'ㅗ', 'ㅜ' 등 단모음 계열 발음을 어려워했다. 유준이의 부모님은 "아이가 어릴 때는 자연스럽게 나아지리라 생각하고 귀엽게만 봤는데 3~4세가 되도록 혀짤배기소리가 심하니 걱정이 많다"고 하며 사투리를 쓰는 본인들 탓 아닐까 생각한다고 하였다. 그래서인지 유준이는 스스로 책을 보는 일이 거의 없었으며 글자 배우기에도 전혀 관심이 없었다. 실제로 책을 읽는 모습을 보니 내용과 관련 없는 다른 이야기를 하거나, 책을 읽어주는 동안에도 돌아다니고 다른 곳을 자주 쳐다보는 등 집중하지 못했다. 테스트 결과, 이야기 이해와 음운론적 인식 부분에서는 0점을 받았고 어휘력 부분에서도 하위 10%에 머무르는 등 전반적으로 기초 문해력이 크게 낮은 수준이었다. 3개월 동안 꾸준히 부모와 함께 책 읽기 프로젝트를 진행하였더니 이야기 이해와 음운론적 인식, 어휘력 부분에서 다행히 점수가 올랐지만, 또래 평균 수준에는 미치지 못했다.

## 뇌 실험으로 밝혀낸 소릿값과 읽기 자동화의 관계

읽기에 있어 소릿값의 중요성을 확인할 수 있는 또 다른 연구가 있다. 부산대학교 심리학과 주성준 교수는 7세에서 12세 사이의 일반적인 독서 능력을 가진 아동들과 읽기에 어려움을 겪는 아동(난독증을 겪는 아동) 42명을 대상으로 한 가지 실험을 해보았다.[5] 아이들은 각각 2가지 과제를 실행해야 했는데, 첫 번째 과제에서는 화면에 나타나는 단어를 읽고 그것이 실제 단어인지 아닌지를 판단했다. 예를 들어 'home(집)'이라는 진짜 단어가 나오면 버튼을 누르고, 사전에 없는 'lood'라는 가짜 단어가 나오면 누르지 않는 식이다. 두 번째 과제에서는 화면 중앙에 떠 있는 점에 집중하면서 그 색깔이 변할 때 버튼을 눌렀다. 이때 화면 주변에는 여전히 단어들이 나타났지만, 아이들은 이를 무시하고 오직 점의 색깔 변화에만 집중해 빨간색이 나올 때 버튼을 누르도록 안내 받았다.

그 결과는 매우 흥미로웠다. 뇌의 언어 영역 중 음운 처리 과정을 담당한다고 알려진 상측두회Superior Temporal Gyrus, STG의 활동을 측정했더니 난독증을 가진 아이는 진짜 단어와 가짜 단어를 제시했을 때 활성화 정도가 거의 차이가 없거나 정상 발달 아동에 비

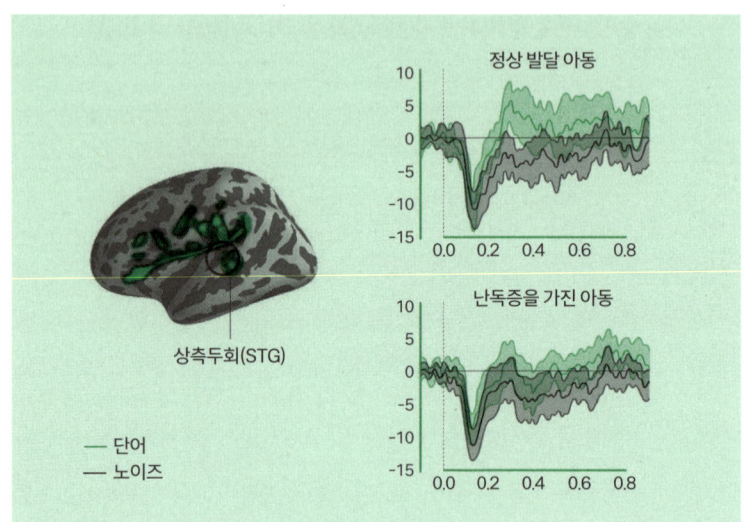

**그림 5-1 ▶** 단어 자극에 의해 활성화되는 뇌의 영역. 정상 발달 아동의 상측두회는 단어 자극에 대해 자동적으로 반응하지만, 난독증을 가진 아동의 상측두회는 단어(녹색 선)와 노이즈(검은 선)를 구분하지 못했다.

해 약했지만, 읽기 능력이 뛰어난 아이는 진짜 단어와 가짜 단어에 대한 활성화 차이가 컸고 활성화가 되는 정도도 훨씬 높았다. 즉, 난독증과 음운 처리 과정의 문제 사이에 연결 고리가 있음을 확인한 것이다. 또한 단어에 대한 상측두회의 활성화 정도가 높은 아동일수록 글 읽기 학습을 더 잘하며 읽기 능력이 더 높은 아동임을 알 수 있었다. 음운 정보 즉, 소릿값을 잘 인식하고 반응하는 것이 읽기에 있어 중요함을 뇌의 활동으로도 증명한 것이다.

이 연구가 밝힌 또 다른 중요한 결과는 단어에 주의를 기울이지 않아도 되는 과제 수행 시에도 단어가 나오면 상측두회에서 자동적인 반응이 일어났다는 점이다. 이는 숙련된 독서의 핵심에 '자동화'가 있음을 시사한다. 즉, 능숙한 독자들은 글자를 보는 순간 거의 자동적으로 그 소리와 의미를 떠올리는 것이다. 이런 자동화 과정이 없다면, 우리는 글을 읽을 때마다 각 글자의 모양을 하나하나 해독하고 그 의미를 생각해내느라 많은 시간과 노력을 들여야 할 것이다. 결론적으로 이 연구는 능숙한 독서 능력의 발달이 단순히 많이 읽는 것을 넘어, 뇌의 특정 영역에서 일어나는 자동화된 처리 과정의 발달과 깊은 관련이 있음을 보여준다.

## '한국인만 읽을 수 있는 후기'의 비밀

글 읽는 능력이 더 뛰어날수록 소릿값을 잘 알고 이를 잘 처리한다는 것은 〈책맹인류〉 1부 '읽기의 과학' 편에 나오는 '한국인만 읽을 수 있는 후기' 실험에서도 확인할 수 있다. 언어심리학자인 광주과학기술원 최원일 교수는 사전 테스트를 통해 참가자들을 평소 읽기 능력이 좋은 상위 집단과 평균보다 조금 낮은 수준의 하위 집단으로 나눈 후, 아래의 특별한 후기를 읽게 했다(여러분도 아래 글을 한번 읽어보길 바란다).

> 한쿡인 여러뿐 이 쑥소는 쌔벽에 박깥빠람이 강헤질 때마다 뿌엌의 깟쓰 환뿡구에서 좀들수 없을 만끔 쐬 부딪히는 쏘리가 들릭고 이에 대해 훗쓰트에게 물으늬 2어폰 끼고 ZARA라는 ■소리만 들었씁니다. 또한 넹짱고 없으니 참꼬하시고 2불 밑빠닥엔 꼼퐝이가 있썻고 빼게 2불 다 갱장히 먼직 낭낭하니 죠심하십쑈! 필수용품 있단 말과 사진과 달리 치약은 딱 1홰용 한게 준비도ㅔ어 있썻내용 ㅎㅎ 3빡 4일 묵었눈뎁 ^^ 아 끄리고 화짱실 드릅게 쫍아서 다리가 긔신 분들은 이용좣체가 힘드씰꺼얘여 ㅎㅎ!

(한국인 여러분 이 숙소는 새벽에 바깥바람이 강해질 때마다 부엌의 가스 환풍구에서 잠들 수 없을 만큼 쇠 부딪히는 소리가 들리고 이에 대해 호스트에게 물으니 이어폰 끼고 자라는 ㅇ소리만 들었습니다. 또한 냉장고 없으니 참고하시고 이불 밑바닥엔 곰팡이가 있었고 베개 이불 다 굉장히 먼지 낭낭하니 조심하십시오! 필수용품 있단 말과 사진과 달리 치약은 딱 1회용 한 개 준비되어 있었네요. ㅎㅎ 3박 4일 묵었는데 ^^ 아 그리고 화장실 더럽게 좁아서 다리가 기신 분들은 이용 자체가 힘드실 거예요 ㅎㅎ!)

어떠한가? 앞의 글은 분명 맞춤법에 맞지 않는다. 한글로 쓰여 있지만 한국어가 아닌 글자들이다. 그럼에도 어떤 사람들은 내용을 이해하는 데 크게 무리가 없었을 것이다. 왜냐하면 글자는 틀렸지만 소리를 내어 읽어보면 충분히 그 의미를 이해할 수 있도록 적혀 있기 때문이다.

연구팀은 참가자들에게 위의 글을 읽게 하고 이 특별한 후기를 읽을 때의 안구운동 패턴을 관찰했다. 실험 결과, 흥미로운 차이가 발견되었다. 글을 잘 읽는 상위 집단은 이 이상한 후기 글을 읽을 때에도 보통의 일반적인 글을 읽는 것과 동일한 방식의 안구운동 패턴을 보인 반면, 글을 잘 못 읽는 하위 집단은 같은 줄에 있는 문장에서도 안구가 앞뒤로 많이 왔다 갔다 하고 문단 내에서도 여러 줄을 넘나들며 왔다 갔다 하는 등 비전형적인 패턴을 보였으며 읽는 시간도 더 오래 걸렸다. 글을 다 읽은 후 얼마나 의미를 이해했는지 확인하기 위한 재인 기억 검사에서도 상위 집단의 점수가 더 높았고, 특히 어려운 글에서 하위 집단의 점수가 급격하게 떨어지면서 두 집단 간의 차이가 더 커졌다. 이 결과에 대해 최원일 교수는 "글을 잘 못 읽는 하위 집단은 의미 파악이라는 목표에 도달하기까지 너무 멀었을 것"이라며 "일단 단어가 보이지만 그 문자열이 정상적 단어와 다르니까 '이 단어가 맞나' 파악하는 것이 어렵고, 그러다 보니 더 오래 들여다보게 되고 문장 전체의 의미를 이해하는 것도 어려운 것"이라고 했다. 읽는 데 시간이 오래 걸리고 기억 또한 떨어지다 보니, 의미 이해 결과 역시 더 나쁜 것이 당연했다. 읽기라는 것이 그냥 문자를 보는 것만이 아니라, 그 문자가 나타내는 소리를 파악하고 잘 처리하는 과정이 중요함을 알 수 있는 실험이었다.

그런데 글 읽기를 처음 배우는 아이들이야 글자를 하나하나 짚어가면서 그 글자가 어떤 소리인지 확인하며 읽지만, 글 읽기에 능숙해진 성인들도 소리를 이용하며 글을 읽어야 하는 것일까? 글자를 잘 읽을 정도로 충분히 배웠다면 글자의 소릿값을 인식하지 않고도 글자만으로 의미를 파악할 수 있지 않을까?

글을 읽을 때 눈으로만 읽는지, 속으로 소리를 내며 읽는지에 대해 설문조사를 해보았다. 눈으로만 읽는다고 한 사람들은 "집중해서 빠르게 읽다 보면 속으로 소리를 내서 읽지 않고 눈으로만 읽게 된다"거나 "일단 한번 쭉 읽고 그다음에 생각을 하게 되는 경우가 많다 보니 일단은 눈으로 읽는 게 먼저인 것 같고, 소리를 낸다고 의식하지 않는다"고 답했다.

이와 다르게 속으로 소리 내어 읽는다고 한 사람들은 "눈으로 읽으면 머리에 잘 안 들어오지만 속으로 소리 내서 읽으면 머리에 더 잘 들어오고 인물에 좀 더 이입이 되는 것 같다"고 하였고, 어느 초등학교 4학년 학생은 "눈으로만 보면 이해가 안 되고 까먹는다"고 말했다. 특히 소설이나 시와 같은 문학작품을 읽을 때는 속으로 소리 내어 읽어야 더 이해가 깊어지고 공감이 잘된다는 대답이 많았다. 두 가지를 다 한다고 답한 경우도 있었는데, "조금 빨리 읽어야 할 때는 눈으로만, 특히 대각선으로 읽게 되고, 조금 감동적인 글귀가 있거나 혹은 이해가 잘 안 될 때는 속으로 소리를 내서 읽는 편"이라고 하며 둘 중에 "이해가 더 잘되는 것은 속으로 소리 내서 읽는 것"이라고 설명한 사람도 있었다. 설문조사 결과는 눈으로만 읽는다는 사람이 140명, 속으로 소리 내어 읽는다는 사람이 122명으로 거의 비슷했다.

 책을 읽을 때 소리를 경유하지 않고 바로 의미로 향하는지, 아니면 무의식적으로 글자를 소리로 바꾸고 다시 그 소리를 의미로 바꾸는 것인지에 대해서는 그동안 학계에서도 상당한 논쟁이 있어왔다. 아동과 초보 독자는 분명 음운 경로를 통해 글자를 소리로 보낸 후 의미를 이해한다. 하지만 능숙한 독자나 성인은 문자에서 그 의미를 직접 파악하는 어휘 경로가 더 우세할 것이란 주장도 있었다. 결과적으로 요즘은 능숙한 독자에게는 음운 경로와 어휘 경로 두 가지가 병행하여 작동하면서 서로를 강화할 것이라고 보고 있다. 능숙한 독자는 소리 내어 읽지 않더라도 단어의 발음 정보, 즉 소릿값이 자동적으로 인출된다는 것이다. 아주 오랜 시간 읽기를 하고 또 하며 학습한 결과, 별다른 노력을 기울이지 않아도 음운 처리 과정을 쉽게 해내고 바로 의미를 찾아낼 수 있게 된 것은 바로 '읽기의 자동화'가 이뤄졌다는 것을 의미한다. 어쩌면 우리가 두 가지 경로를 활용하여 읽기를 하고 있다는 것은 보다 빠르고 효율적인 방식으로 정보를 받아들이고 처리하고자 했던 진화의 결과물이 아닐까 싶다.

## 소릿값을 놓고 벌어진 '읽기 전쟁'

미국에서는 2018년부터 '읽기 전쟁Reading Wars'이라고 불리는 논쟁이 교육계와 학계를 뜨겁게 달구고 있다. 여기에도 소릿값은 꽤나 중요한 논쟁의 포인트이다.

'읽기 전쟁'은 언어 학습법에 대한 논쟁을 의미하는 것으로, 미국의 교육 전문 기자 에밀리 핸포드Emily Hanford가 쓴 일련의 기사들[6]로 촉발되었다. 그녀는 미국 전국학업성취도평가National Assessment of Educational Progress의 '읽기Reading' 성적이 1990년대 이후 30년이 넘게 비슷한 수준에 머물러 있고, 4학년 학생의 3분의 1은 기본적인 읽기 수준조차 되지 못하는 상태라고 지적했다. 이는 읽기를 가르치는 기존의 교수법이 잘못되었음을 방증하는 것이며, 많은 학교들이 과학적 연구 결과에 바탕을 둔 방법이 있음에도 이를 따르지 않고 기존의 교수법을 고집하기 때문이라고 주장했다.

원래 '읽기 전쟁'은 20세기 내내 영어권에서 '아이들이 글자/철자를 해독하는 방법을 배워야 하는가'를 두고 지속되었던 논쟁을 의미한다. 이 논쟁은 아이가 많은 책에 노출되면 자연스럽게 읽는 법을 배우게 되므로 이야기에 포함된 단어의 의미에 집중하면서 읽기를 배우도록 해야 한다는 총체적 언어whole language 방법과, 단어를 발음하는 법을 배울 수 있도록 조기부터 문자-소리 대응을 집중해서 가르쳐야 한다는 체계적 음성학systematic phonics 방법 사이의 충돌이었다. 첨예한 대립이 있었지만 이는 1990년대에 발음·해독과 의미를 모두 고려하여 두 방법을 균형 있게 적용하는 균형적 문해력balanced literacy이라는 타협점으로 일단락된 것처럼 보였다. 그러나 핸포드는 균형적 문해력 접근법에 기반한 현재의 읽기 교육 방법이 실제로는 총체적 언어 접근에 훨씬 가깝고 글자의 소릿값과 발음을 배우는 '파닉스'를 경시하고 있으며, 또한 (읽기 교육을 위한 연구 평가 기관인) 미국 국립읽기위원회National Reading

Panel의 보고서[7]에서도 체계적인 음소 인식 교육, 유창성 및 이해력 증진 등 새로운 읽기 교육의 방향을 제시했지만 20년 가까이 반영되지 않았다고 주장했다. 다양한 헤게모니 다툼, 정치적 이슈, 교수법에 대한 교육 부족 등의 이유로 과학적 기반 읽기 교육 Scientifically Based Reading Instruction이 적용되지 못했고, 그 결과 미국의 문해력 수준, 읽기 능력 수준이 매우 낮다는 것이 핸포드의 주장이었다. 이러한 주장은 교사와 학부모에게 커다란 관심과 호응을 불러일으켰고, 이로써 다시금 새로운 '읽기 전쟁'이 불붙었다.

이유는 다르지만 우리나라에서도 소릿값에 대해서는 관심이 깊지 않았고 글자를 읽고 이해하는 데 소릿값이 중요하다고 생각하지도 않았다. 한국어와 한글의 특수성 때문이다. 한국어는 영어처럼 하나의 문자가 하나의 자음 또는 모음을 나타내는 알파벳 문자 체계를 사용하며 글자와 소리 사이의 규칙성이 높은 편이다. 한글은 글자와 소리가 일대일로 대응되어 전혀 복잡한 형태가 아니다. 그래서 글자 배우기가 무척 쉽다고 생각하며, 실제로 모국어 습득이 완료되고 언어 체계가 형성된 외국인들은 반나절 혹은 몇 시간만 배우면 한글을 읽을 수 있다고 할 정도다. 또 특별히 배우지 않았는데도 스스로 한글을 읽고 쓸 줄 아는 아이들도 있다. 아이가 스스로 알아서 한글을 뗄 수 있다고 생각하고 그렇게 될 거라 믿는 부모도 꽤 많다. 그래서인지 우리나라에서는 글자의 소릿값을 배우고 가르쳐야 한다는 생각이 거의 없었다. 〈당신의 문해력〉에서 아이들의 음운 인식 능력의 차이를 보여주고 문해력의 뿌리에 소릿값이 있음을 이야기하기 전까지는 말이다. 글자를 읽고 이해하는 능력이 부족한 이들이 늘어나고 우리 사회 전반에서 문해력에 대한 관심과 그 중요성에 대한 인식이 확산되고 나니, 비로소 소릿값을 제대로 배우고 가르쳐야 한다는 인식 또한 늘어나고 있다.

### 읽기 유창성을 키우는 방법

언어는 글이 아니라 말로 시작되었다. 이 당연한 사실을 우리는 생각보다 자주 놓친다. 지금까지 읽기와 문해력에서 소리가 가진 의미와 중요성을 강조한 것도 이 때문이다. 뇌에서도 글을 읽는 시스템은 듣는 시스템보다 나중에 발달해서, 글을 읽고 쓰는 뇌의 영역이 말을 듣고 이해하는 뇌의 영역을 빌려 쓴다고 할 수 있다. 결국 글을 읽는 것과 말을 하고 듣는 것은 아주 긴밀하게 연결되어 있다.

글을 읽을 때 잘 읽고 있는지 아닌지를 파악하는 가장 간단하고 확실한 방법은 바로 읽기의 유창성을 확인하는 것이다. 글을 소리 내어 읽게 하면 유창하게 읽는지 아닌지를 쉽게 알 수 있다. 사실 유창하게 읽는다는 것은 생각보다 어렵고, 그러지 못하는 사람들도 많다. 유창하게 읽는다는 것은 속도를 높여 빨리 읽는 것이나 문장을 끊지 않고 이어서 읽는 것을 의미하지 않는다. 오히려 '제대로 끊어서 읽는' 것을 말한다. 구체적으로 이야기하면, 글을 보고 주어와 목적어와 서술어가 무엇인지 등 문장의 구조를 빠르게 파악하고, 전체 문장에서 어떤 부분이 중요한지를 판단해 호흡을 조절하며, 띄어 읽어야 할 부분은 띄우고 강조할 부분은 강조하면서 읽는 것을 말한다. 그리고 글을 읽는 과정 자체를 자동화해서 진행한다는 뜻이다.

우리가 쓸 수 있는 뇌의 저장공간과 에너지는 한정되어 있는데, 글을 읽는 것 자체에만 뇌의 저장공간과 에너지를 써버리면 그다음 단계인 이해에서 사용할 공간과 에너지가 부족해진다. 끊어 읽기를 잘하면서 유창하게 글을 읽는다는 것은 글 자체를 읽고 해독하는 데 에너지와 시간을 적게 쓰고 있다는 것이고, 보다 높은 단계인 글의 이해와 의미 파악, 추론 등에 더 많은 에너지와 시간을 쓸 수 있다는 의미다. 전문가들이 "글을 읽을 때 정확성(읽은 단어의 수 중 올바르게 읽은 단어의 비율), 속도(분당 정확하게 읽은 단어의 수), 운율감(자연스러운 억양·강세·멈춤을 사용하는 능력)을 통해 유창성을 확인하는 것이 진정한 이해에 도달했는지를 파악하는 최고의 지표"라고 하는 이유다.

내 자녀의 문해력, 읽기 능력을 알아보고 싶다는 부모님들에게 가장 많이 하는 조언은 자녀에게 책을, 특히 국어 교과서를 소리 내어 읽어보게 하라는 것이다. 국어 교과서는 다양한 글들이 실려 있고 연령과 수준을 고려하여 만든 책이어서 매우 적절한 잣대다. 특히 한글 쓰기 문제집 등을 풀게 하면 한글 읽기는 다 되는 것 같지만, 정작 소릿값이나 그 원리를 알지 못하는 경우가 최근 우리나라 아이들에게서도 많이 나타나고 있다. '더 크면 자연히 깨닫게 되겠지'라고 생각할 수 있지만, 이 경우 받아쓰기에서부터 문제가 생기며 학년이 올라가도 유창성이 좋아지지 않을 수 있다. 건물을 지을 때 기둥은 세우지 않고 건물부터 올린 셈이기 때문이다. 때문에 읽기를 잘 못 하고 유창성이 떨어지는 아이들은 소릿값부터 확인해보는 것이 좋다.

성인 또한 마찬가지다. 난독을 의심할 정도로 읽어도 이해가 가지 않고 눈으로 잘 들어오지 않는다면, 소리 내어 읽어보는 것이 도움이 된다. 마음속으로 글자의 소리를 따라 해보며 읽어보아도 좋다. 소리 내어 읽기의 장점은 눈뿐만 아니라 뇌와 귀까지 읽기 과정에 동원함으로써 훨씬 집중이 잘될 수 있다는 점인데, 이 과정이 이해 또한 돕는다. 성인들 중에도 유창하게 읽는 것이 어려운 사람들이 꽤 많다. 끊어 읽기가 익숙하지 못해서이기도 한데, 이런 경우 역시 국어 교과서를 꺼내보자. 소리 내어 읽기는 어느 연령을 막론하고 도움이 되는 좋은 읽기 방법이다.

# 6 유튜브로 배운 지식, 뇌는 차이를 알고 있다

## 책 한 권, 10분 만에 읽어드립니다

 책을 전혀 읽지 않는다는 한 80대 어르신은 세상 참 좋아졌다고 했다. 눈도 잘 안 보이는데 더 이상 눈 아프게 책을 읽을 필요가 없다며 유튜브에 다 있다고, 좋은 세상이 되었다 했다. 한 60대는 "다양한 정보를 손쉽게 접할 수 있어 유튜브를 많이 본다"며 "내용이 어렵지 않고 명쾌한 데다 사람들과 동영상을 주고받는 것도 편하다"고 엄지를 추켜세웠다. 정보를 얻기 위해 신문을 보진 않으시냐고 했더니 "영상으로 보여주니까 근거도 더 명확하다"며 고개를 저었다.
 유튜브는 명실상부 한국인이 가장 사랑하는 앱이다. 2024년 유튜브 월평균 사용 시간[1]은 1083억 분으로, 2위 카카오톡의 327억 분의 3배가 넘는 압도적인 수준이었다. 이미 2024년 1월 유튜브 앱의 1인당 월평균 사용 시간은 40시간을 돌파하며 역대 최고치를 기록했고, 이는 5년 전인 2019년 1월 21시간에 비해 90% 증가한 수치다. 이용자수도 가장 많다. 2024년 12월 유튜브의 월간활성이용자수Monthly Active Users, MAU[2]는 4682만 9000명으로, 2위 카카오톡(4550만 명)과 3위 네이버(4377만 명)를 뛰어넘었다.

유튜브에 대한 높은 의존도는 남녀노소를 불문하고 동일한 현상이며, 유튜브는 10대부터 60대 이상까지 모든 세대에서 가장 오래 사용하는 앱 1위를 차지하고 있다. 다른 세대 못지않게 50~60대의 유튜브 이용 시간도 크게 늘어났다. 60대 이상의 남성은 월 41.7시간, 여성은 40.1시간[3]을 유튜브를 보는 데 쓰고 있는데, 이는 10대 남성의 56시간에 비하면 적지만 2021년 50대 이상이 약 27시간[4]이었던 것에 비하면 급격히 늘어난 수치다.

사람들이 흥미와 즐거움을 위해서만 유튜브를 찾는 것은 아니다. 우리가 사는 데 필요하고 반드시 알아야 하는 정보들도 유튜브의 동영상 검색 기능을 통해 얻는다. 과거 포털사이트의 지식 검색이나 블로그를 통해 이루어지던 것이 동영상 시청으로 완전히 넘어온 셈이다.

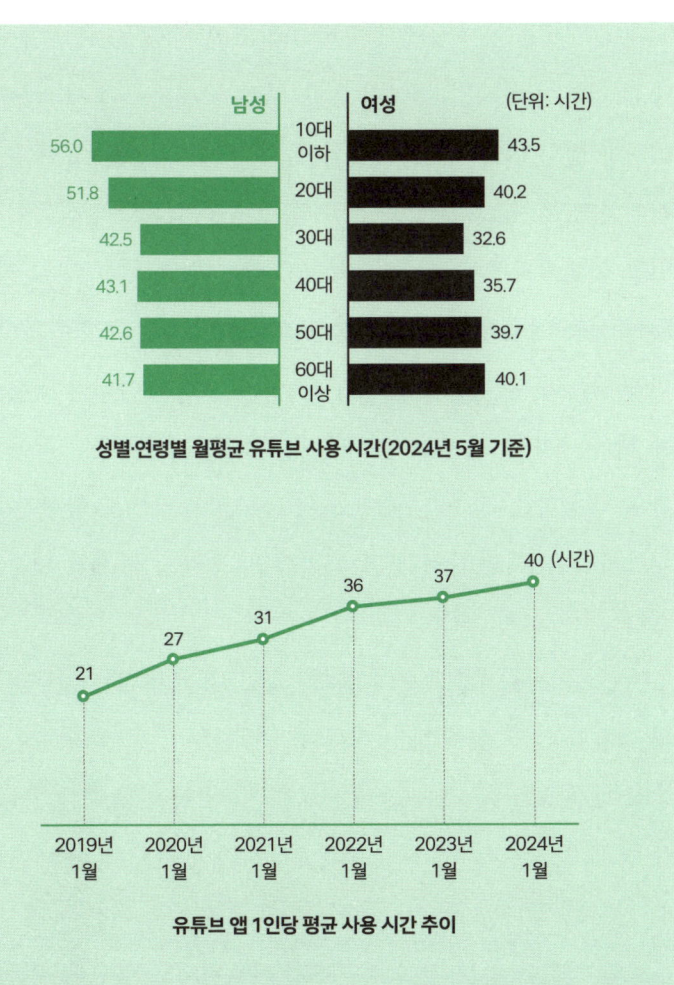

그림 6-1 ▶ 한국인의 유튜브 사용 시간은 최근 5년 사이 90% 증가했다. 특히 60대 이상의 이용 시간이 급증하면서, 여가뿐 아니라 일상에 필요한 지식 정보도 모두 유튜브에서 얻는다는 사람들이 많아졌다. (출처: 아이지에이웍스 모바일인덱스, 와이즈앱리테일)

책의 기능을 동영상에서 찾는 경향도 쉽게 찾을 수 있다. '누구나 읽기를 원하지만 끝까지 읽은 사람은 없는 필독서'라는 아이러니한 별명이 붙은 《총, 균, 쇠》를 유튜브에서 찾아보면 유명 학자의 설명본, 방송 편집본 등 다양한 형식의 요약 영상들이 여럿 있고 조회수도 높다. '마인크래프트'라는 인기 있는 게임 캐릭터와 방식을 이용해 《총, 균, 쇠》를 설명한 영상은 조회수가 200만 회를 넘는다. 이처럼 최근에는 책을 읽는 것이 아니라 영상을 통해 책의 내용을 이해하고자 하는 사람들이 많다. 더구나 책 읽기를 어려워하는 경우가 많다 보니 초중학교에서 수행평가로 '북튜브를 보고 책의 내용과 그 의미를 써 오라'는 과제를 내준 적도 있다.

이런 현상을 어떻게 봐야 할까? 책을 직접 읽지는 않더라도 책의 내용을 얻고 싶어 하는 사람들이 많다는 것은 분명하다. 책의 주요 내용을 아는 것이 삶에 도움이 될 것이라 생각하기에 영상을 통해 지식은 얻되, 책을 읽는 데 시간과 집중력, 에너지를 쓰고 싶지는 않다는 뜻으로 해석되기도 한다. 책 대신 동영상으로 정보와 지식을 얻는 것이 덜 수고스러우면서도 비슷한 효과를 낼 수 있으니 '가성비 좋은' 일이라 여길 수도 있을 것 같다. 하지만 정보와 지식을 얻는 다른 수단이 있으니 그것으로 읽기를 대체해도 괜찮을까? 읽기가 그렇게까지 필요 없는 일일까?

## 오디오와 동영상이 이해가 잘되는 까닭

동일한 정보를 얻으려 한다면 책을 읽든 영상을 보든 또는 오디오북으로 듣든 결과는 같을 수 있다. 그렇다면 뇌는 이 차이를 어떻게 인식할까?

〈당신의 문해력〉에서는 20~30대 남녀 10명에게 태블릿에 담긴 줄글, 오디오, 동영상 형태의 정보를 동일한 시간 동안 읽고, 듣고, 보도록 했다. 그 과정에서 뇌가 어떻게 움직이는지를 확인하기 위해 기능적 근적외선분광법functional Near-Infrared Spectroscopy, fNIRS[5]을 이용하여 뇌의 활동을 측정해보았다. 실험에 사용한 텍스트는 같은 책에서 소재가 다른 내용으로 골랐으나, 사용한 단어의 수준이나 길이 등 텍스트의 난도는 동일한 수준으로 선정했다.

참가자들은 먼저 동영상이나 오디오를 쓸 때가 더 편하다고 말했다. 공통적인 답변이었다. 동영상이나 오디오로 정보를 접할 때는 "손이나 눈을 사용하지 않아도 자연스럽게 (정보가) 들어와서 편하다"고 하면서 "더 집중하게 되고 그래서 이해도 잘되는 것 같다"고 말하기도 했다. 줄글의 경우 "보다가 되돌아가서 다시 보게 되고 나도 모르게 똑같은 부분을 자꾸 보게 되어서 오히려 집중이 잘 안 되고 내용도 잘 안 들어온다"고 토로하기도 했다. 참가자들이 인식하는 면에서는 동영상이나 오디오가 압도적으로 승리한 듯했다.

그런데 뇌가 보여주는 결과는 전혀 달랐다. 집중이 어렵다던 줄글 읽기에서 뇌의 활성화가 가장 두드러졌는데, 특히 전두엽의 활동성이 높았다. 전두엽은 뇌의 앞쪽에 위치하며 인간의 고등 인지기능과 감정 조절을 담당하는 중요 부분으로, 새로운 아이디어를 떠올리고 논리적으로 사고하며 목표를 설정하고 수행하도록 한다. 또한 주의력을 유지하고 집중하게끔 하며 충동을 억제하고 상대와 공감할 수 있는 능력과도 관계가 있어 ADHD, 우울증, 치매와 같은 질환에서는 전두엽 기능 저하가 흔히 나타나기도 한다.

오른쪽 그림에서 확인할 수 있는 것처럼, 줄글을 읽을 때 실험 참가자들의 뇌는 아무런 활동을 하지 않는 뇌의 기본 상태와 가장 다른 뇌 활성화 패턴을 보였다. 그에 비해 오디오나 동영상을 접했을 때에는 활성화 정도가 높은 짙은 색상의 전두엽 부위가

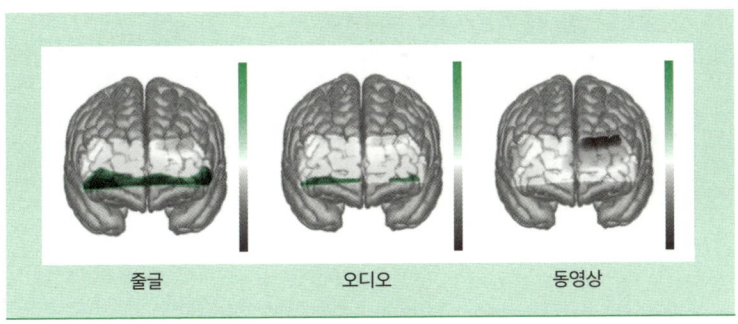

**그림 6-2 ▶** 기능적 근적외선분광법(fNIRS)을 이용해 뇌의 활동을 측정한 결과, 줄글·오디오·동영상을 접할 때 매체별로 뇌의 활성화 정도가 달랐다.

거의 보이지 않았다. 글을 읽거나 정보를 처리하는 과정에서 내용을 궁극적으로 이해하기 위해서는 글의 내용 간 연결이나 사전 지식을 활용하여 내용을 추론하는 과정이 중요하다. 뇌의 전두엽 영역은 특히 추론 과정이 필요할 때 활성화된다. 실험을 함께한 인지언어학자인 한양대학교 김세영 교수는 "글을 읽는 동안의 인지과정이 다른 방식의 정보 노출(오디오, 동영상)에 비해서 능동적인 정보 처리를 요구하고 있고, 그 결과 지금처럼 인간의 고차원적인 사고능력을 담당하는 전두엽 활성화의 차이가 발생하는 것으로 보인다"고 실험 결과를 분석했다. 쉽게 말하면, 오디오를 듣고 동영상을 볼 때에 비해 줄글을 읽을 때 머리를 더 많이 썼고 뇌 운동도 활발했다는 것이다. 실험 참가자들이 오디오와 동영상이 편하다고 한 것은 그만큼 뇌를 덜 쓰니까 덜 힘들었던 것이라고 해석할 수 있다. 결국 글을 읽는다는 것은 굉장히 고차원적이고 능동적인 정보처리 과정이며, 청각적 혹은 시각적 과정을 통해 정보를 얻는 것과는 질적으로 다름을 확인할 수 있었다.

## 《나무를 심은 사람》 그림이 알려주는 사실

같은 내용을 책으로 볼 때와 동영상으로 볼 때는 차이가 있을까? 있다면 어떻게 다를까? 〈책맹인류〉에서는 초등학교 5학년 한 학급의 아이들과 함께 실험을 진행했다. 아이들을 두 그룹으로 나누어 한 그룹은 책을 직접 읽게 하고, 다른 한 그룹에게는 책을 바탕으로 한 애니메이션을 보여줬다. 이를 위해 선택한 책은 장 지오노의 소설 《나무를 심은 사람》이었다. 초등학교 5학년 아이들이 충분히 읽고 이해할 수 있는 수준의 책이었다.

실험은 애니메이션의 러닝타임에 맞춰 40분으로 진행했다. 각 그룹에게는 책과 애니메이션을 본 후 그중 한 장면을 그림으로 그려보는 활동을 진행할 것이라고 미리 공지했는데, 학생들이 활동에 더 집중하도록 하기 위해서였다. 두 그룹은 주어진 시간 동안 열심히 책을 읽거나 애니메이션을 보았고, 시간이 종료되자마자 도화지를 받아서 한 장면을 그렸다. 미션으로 주어진 장면은 황무지에 나무를 심고 오랜 시간 가꾸니 울창한 숲이 되고 물이 흐르는 샘이 생기고 사람들이 사는 마을도 만들어졌다는 내용으로 구성되어 있는, 전체 소설 중 절정을 지나 이야기가 마무리되는 부분이었다. 꽤 인상적인 내용이라 아이들이 기억하기도 좋고 다양한 형태로 표현하기도 좋을 것이라 짐작했기 때문이다.

그림을 그리는 과제가 나가자 애니메이션을 본 그룹에서 예상치 않은 문제가 발생했다. 내용을 알려주고 자유롭게 표현해보는 과제임에도 '기억이 잘 안 난다'고 하는 아이들이 많았던 것이다. 그림을 그리지 못하겠다고 했다. 결국 애니메이션 중 해당 부분을 다시 보여주었고, 아이들은 그 장면을 본 뒤에야 그림을 그리기 시작했다.

그림을 다 그린 후, 두 그룹의 학생들과 개별 인터뷰를 진행했다. 인터뷰에서도 두 그룹은 확연한 차이를 보였다. 책을 읽은 아이들은 모두 책의 제목을 기억했는데, 애니메이션을 본 아이들 중 제목을 기억한 아이는 한 명뿐이었다. 또한, 중요한 소재로 반복적으로 나오는 나무의 이름을 물어보았을 때도 책을 읽은 아이들 중 대부분이 '보리수나무'라고 답한 반면, 애니메이션을 본 아

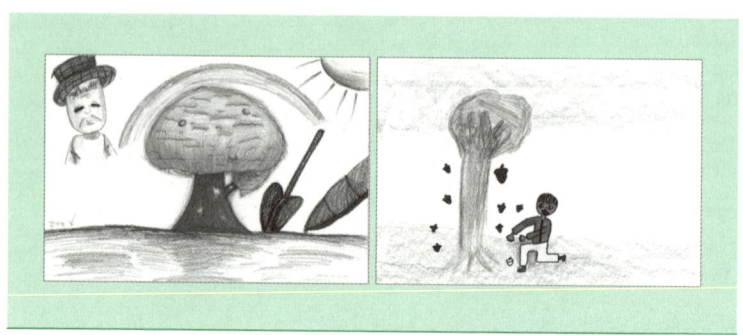

그림 6-3 ▶ 《나무를 심은 사람》 책을 읽은 아이들은 다양한 모습을 그려서 비슷한 그림이 거의 없었다. (교사 김용찬 제공)

이들 가운데 이를 기억하고 답한 아이는 이번에도 역시 한 명뿐이었다. 스토리에 대해 좀 더 자세히 설명해달라는 부탁에도 애니메이션을 본 아이들은 구체적으로 답하기를 어려워했다.

실험의 모든 과정을 지켜본 담임교사 김용찬 선생님은 이 결과에 매우 놀라워했다. 자신의 예상과는 너무 달랐기 때문이다. 이 반은 원래 담임교사의 지도 아래 독서 활동을 열심히 했던 반이어서 담임교사는 학생들이 이야기를 이해하고 기억하는 것을 잘하리라 예상했다. 어떤 방법으로 이야기를 접했느냐에 따라 책 제목이나 나무 이름을 기억하는 것에 차이가 난 데 대해 담임교사는 "독서를 한 아이들은 '다음 이야기가 뭘까?'를 궁금해하고, 그런 호기심을 가지고 능동적으로 책을 읽으면서 내용을 받아들

**그림 6-4 ▶** 애니메이션을 본 아이들의 그림에는 하나같이 수도꼭지가 있었다. 책을 본 아이들과 달리, 시각적 정보가 너무나 뚜렷한 애니메이션을 본 것이 오히려 상상력을 제한한 것 아닐까 짐작하게 하는 대목이다. (교사 김용찬 제공)

이다 보니 더 잘 기억한 것 아닐까"라고 해석했다.

　기억력보다 더 놀라운 결과는 아이들이 그린 그림에서 드러났다. 책을 읽은 아이들이 그린 그림은 모두 제각각이었다. 비슷한 그림이 거의 없이, 각자의 개성이 담긴 그림을 자유분방하게 그려서 제출했다. 반면, 애니메이션을 본 아이들은 애니메이션에 나온 이미지와 비슷하게 그린 것이 대부분이었다. 특히 그림에 모두 수도꼭지가 들어 있었는데, 책을 읽은 아이들이 그린 그림 중 수도꼭지가 있는 것은 단 하나도 없었다. 당연하게도 애니메이션에서는 수도꼭지가 등장하는 장면이 있었다. 동일한 이야기라고 하더라도 독서를 한 아이들은 활자를 통해 자신만의 상상을 하였고, 아이들이 가지고 있는 생각과 상상력은 다 다르기 때문에 그 점이 그림에서도 다양함으로 표현된 것으로 추측할 수 있다. 이에 비해 애니메이션은 시각적인 정보가 너무나 뚜렷하기에 애니메이션으로 형상화된 것들이 아이들의 상상력을 제한한 것 아닐까 짐작할 수 있다.

## 학습에 꼭 필요한 '바람직한 어려움'

읽기를 통해서만 정보를 습득할 수 있다고 주장하려는 것은 아니다. 책이나 글이 아닌 다른 매체를 통해서 배우는 사람들도 많고, 그러한 방식이 나쁘다고 볼 수만도 없다. 동영상이나 오디오 등이 더 재미있고 더 집중할 수 있게 해서 효과적이라고 생각하는 이들도 있고 당연히 그럴 수 있다는 데 동의한다. 하지만 무언가를 읽는 행위의 가장 큰 장점인 '능동성'에 대해서는 생각해볼 필요가 있다.

책을 읽을 때는 자기 스스로 한 장 한 장 책장을 넘기지 않으면 다음 장으로 넘어갈 수 없다. 더 나아가지 못하는 것이다. 독서는 스스로 선택하여 한 글자, 한 문장을 읽고 호기심을 느끼고 궁금증을 풀어가는 동시에, 다음을 상상하고 마침내 더 큰 재미를 느끼는 과정이다. 인간이 읽는 이유는 그렇게 자발적인 의지를 완성해가는 과정이 독서에 담겨 있기 때문일 것이다.

인지심리학에 '바람직한 어려움desirable difficulties'[6]●이라는 개념이 있다. 이는 학습자에게 적당한 수준의 어려움을 느끼게 하는 조건들이 오히려 학습에 도움이 된다는 것을 의미한다. 연구 결과, 시간 간격을 두어 학습을 반복하게 하는 것이나 각기 다른 유형과 수준의 문제를 풀게 하는 것 등 적당하지만 이겨낼 수 있는 스트레스를 받았을 때 스트레스가 없을 때보다 배운 내용을 장기기억에 남기고 나중에 꺼내서 활용하는 데 효과적이었던 것이다. (딱 맞아떨어지지는 않지만) 너무 힘들었던 순간이나 고통스러웠던 것들이 더 잘 기억나는 경험들을 다들 갖고 있을 것이다. 어느 정도 어려움이 있을 때 더 오래 기억할 수 있으며, 너무 쉽게 뭔가를 얻으면 쉽게 사라진다. 심리학자인 로버트 비요크 교수는 "뭔가 어렵게 느껴지기 시작하면 좋은 징조로 받아들여야 한다. 그 말은 조금 더 열심히 노력해야 한다는 것을 의미하며 학습을 향상

---

● 미국 UCLA의 로버트 A. 비요크 교수가 1994년에 제시한 개념으로, 학습자가 도전적인 어려움을 겪는 것이 학습자의 발전을 늦추는 것처럼 보이지만 실제로는 학습 능력을 향상시킬 수 있고 배운 것을 추후 새로운 맥락이나 상황에서도 필요한 정보로 끌어낼 수 있게 한다는 것이다.

시킬 수 있는 무언가를 해야 한다는 뜻이다. 너무 쉽게 느껴진다면 아무것도 새로 배울 수 없다"고 말했다.

새롭게 무언가를 배우고 기억하고 이를 인출하는 일은 편하고 자연스러운 일이 아니다. 허나 배운 것을 되새기고 기억해내려고 애쓰고 노력하는 과정에서 비로소 내 것이 된다. 어려움을 당연하고 자연스러운 과정으로 생각하고 이에 적응하려는 연습도 필요하다. 글 읽기도 마찬가지 아닐까? 앞서 서술한 것처럼 읽기는 자신이 가진 여러 능력들을 한데 모아서 동시에 활용해야 하는 복잡하고 어려운 일이다. 정지해 있는 글자를 계속 보고 그 글자가 의미하는 단어를 머릿속에서 찾고, 단어와 단어 또는 문장과 문장을 연결 짓고 이해하고 추론하는 것은 훈련이 필요한 일이며 분명 고통스러운 일이다. 그만큼 우리 뇌 속에서 많은 과정들이 동시에 일어나고 있기 때문이다. 하지만 훈련을 하면 이 모든 일이 가능해지고 읽기는 마침내 자동화된다. 그리고 자동화되는 순간부터는 예전처럼 고통스럽거나 힘들지 않게 된다. 읽기가 가능해지면 이전까지는 의미 없던 문자들이 의미 있는 것이 되고 사고의 원천이 된다. 읽기를 하면 할수록 자동화는 더욱 빠르고 원활하게 이루어진다. 또한 더 많은 지식과 정보를 얻게 된다. 이는 다른 글을 읽을 때 더 잘 이해할 수 있게 해준다. 이것이 읽기의 빈익빈 부익부 효과, 강화되는 순환 과정이다.

## '디지털 기억상실'을 막는 법

'구글 효과Google effect'[7]라는 개념이 있다. 인터넷에서 쉽게 정보를 찾을 수 있다는 기대로 인해 정보 자체를 기억하려는 노력이 줄어드는 현상을 의미하는 것으로, 디지털 기억상실증digital amnesia 이라고도 한다. 이를 활용한 한 실험에서는 참가자들에게 새로운 정보를 컴퓨터에 입력하도록 했는데, 일부 참가자들에게는 정보가 저장될 것이라고 말하고 다른 참가자들에게는 곧 삭제될 것이라고 했다. 그 결과, 정보가 저장될 것이라고 믿은 참가자들은 나중에 그 정보를 잘 떠올리지 못했고, 정보 자체보다 저장된 폴더의 이름을 더 잘 기억했다. 연구자들은 인터넷이라는 새로운 매체의 등장으로 우리의 뇌가 정보 저장 방식을 변화시키고 있는데, 단기적으로는 인지적인 노력이나 에너지를 덜 쓰게 해주지만 장기적으로는 깊이 있는 학습과 기억 형성에 부정적인 영향을 미칠 수 있다고 지적했다.

우리가 읽는 이유는 새로운 지식과 정보를 얻기 위해서만은 아니다. 물론 정보와 지식을 얻는 것은 필요하고 중요한 일이지만, 더 근본적인 목적은 얻은 정보와 지식을 바탕으로 사고력, 통찰력, 창의력을 갖추는 것이다. 《총, 균, 쇠》의 정보는 유튜브를 통해서도 얻을 수 있다. 그 자체가 나쁘다거나 부족하다고 할 수는 없다. 그러나 《총, 균, 쇠》를 읽음으로써 무언가를 깨닫게 되고 이를 통해 새로운 시각으로 세상을 바라보게 되는 것과는 질적으로 다른 일이다. 《총, 균, 쇠》의 정보와 지식뿐 아니라 저자가 가진 것들, 내가 가진 것들이 화학적 결합을 일으켜 새로운 무언가로 생겨나는 과정인 것이다. 그리고 그것은 '이 정보가 어느 폴더에 있는지'를 파악하고 있는 것과는 다르다. 우리의 뇌는 '내부 기억 장치'만이 아니기 때문이다.

몇 년 전 고등학교 수업을 촬영할 때 만난 한 학생은 수업 시간에 대부분 잠을 잤다. 공부에는 전혀 흥미가 없었다. 어느 날은 수업 시간에 늦게 들어왔길래 이유를 물었더니 "은행에 다녀오느라 늦었다"고 했다. 이유도 이유였지만 거리낌 없는 그 태도에 무척 놀랐다. 이후 그 학생과 인터뷰를 하며 장래 희망이 무엇인지 물어보았다. 그 학생은 "군대 다녀와서 아버지 카센터 물려받으면 돼요. 자동차 정비 일 하면 되니까 아무 관련 없는 학교 공부는 할 필요가 없어요. 재미도 없고"라고 답했다. 수업 중에는 그냥 안 깨웠으면 좋겠다고 했다. 어느 날은 교과서의 지문과 문제를 읽는 수업이 있었는데, 마침 그날은 그 학생이 잠을 자지 않았다. 반가운 마음으로 수업을 살펴보니 그가 읽기를 정말 싫어한다는 걸 알 수 있었다. 일단 읽는 것을 귀찮아하고 거부하는 태도를 보였다. 끊어 읽기가 되지 않는 데다 웅얼웅얼 읽어 알아듣기가 힘들었다. 고등학생이라고 보기 어려운 수준이었다.

  몇 번 얼굴을 보고 이야기도 나누어서 걱정스러운 마음이 들긴 했지만, 스스로의 결정을 책임질 나이에 가까운 데다 마땅한 조언도 생각나지 않아 그에게 별다른 말을 덧붙이지 못한 채 촬영이 끝났다. 하지만 이제 그 학생을 다시 만난다면 아마도 자동차정비기능사 필기시험 기출문제집을 사 주면서 "필기시험도 봐야 하는 건 알지?"라고 물을 것 같다. 고객이 설명하는 자동차의 문제를 말로만 듣고 검사하고 나사를 풀거나 조일 수 있다고 해서 자동차정비기능사가 될 수 있는 것은 아니다. 이를 위해서는 자격증을 취득해야만 하는데 그러려면 필기시험과 실기시험을 모두 통과해야만 한다. 포클레인을 몰든 바리스타가 되든 요리사가 되든 헤어디자이너가 되든, 전문 기능인이 되기 위한 기초적인 자격증을 따려면 당연히 필기시험을 봐야 한다. 그게 왜 필요하냐고 물을 수도 있을 것이다. 기능의 바탕에는 당연히 이론과 지식이 있으며, 이를 제대로 습득했는지 확인할 필요도 있기 때문이다. 지식과 이론을 갖추는 데 있어 무엇이든 읽지 않고 하기란 불가능에 가깝다. 유튜브나 인강을 본다고 하더라도 내용을 읽지 않고 말로만 듣고 외워서 하는 것은 효율 면에서도 떨어질 수밖에 없다. 학교를 졸업한 후에는 읽는 것과 무관해 보이는 직업을 택해 살면 될 것 같지만, 실제로 그런 일은 드물다. 어떤 직업을 선택하더라도 제대로 읽고 이해하고 적용하는 능력, 문해력과 읽기 능력은 필수적이다. 성인이 되고 난 이후에도 마찬가지다. 현대는 과거에 배운 지식으로 평생을 살아갈 수 없는 시대다. 빠르게 변하는 세상 속에서 평생토록 새로운 것을 배우고 익혀야 하는 시대인 것이다.

비단 공부만이 아니다. 읽는 것은 귀로 듣거나 영상으로 보는 것과는 본질적으로 다른 과정을 거친다. 뇌의 활동이 다르고, 기억력뿐만 아니라 상상력과 창의력에도 다른 결과를 가져온다. 아무리 영상이 범람하는 시대가 되더라도 '읽기'라는 행위가 인간에게 주는 장점을 완전히 대체할 수는 없을 것이다. 더욱이 아직 그 역할을 대체할 수 있는 행위 또한 발견되지 않았다. 과거에 만났던 그 학생을 지금 다시 만난다면, 재미있게 읽을 만한 책 한 권, 먹고사는 데 필요한 읽기 능력을 키울 수 있는 책 한 권을 각각

선물해주고 싶다. 읽기의 재미와 가치를 느낄 수 있는 계기는 한 사람의 인생을 좌우할 만큼 중요하며, 매우 소중한 것이기 때문이다.

# 7 배경지식보다 질문이 중요하다는 착각

## 질문 만능 시대

 인터넷이 개발된 이후 꽤 많은 사람들이 이제 지식을 익히는 것은 더 이상 필요하지 않다고 말한다. 검색하면 다 나오니까 뭔가를 외울 필요가 없다는 것이다. 김소월의 시가 서정적인지 낭만적인지 검색하면 다 나오기에 밑줄 그어가며 외울 필요가 없다고 말이다. 50대 윤정 씨는 한 발 더 나아가 책을 읽지 않아도 된다고 말했다. 20대 자녀를 둔 윤정 씨는 "요즘 아이들은 검색을 잘해서 책을 안 읽어도 필요한 정보나 지식은 잘 찾고 살더라"고 말하며, 대표적인 예로 요리를 들었다. 요리 영상이 많고 영상을 보고 따라 하는 게 책보다 훨씬 더 쉽다는 것이다. 그래도 미리 알아두어야 하는 지식 같은 것이 있지 않을까 하여 "부동산 계약서를 쓸 때는 어떻게 하느냐?"고 물으니 그때는 엄마인 자신이 따라가서 같이 계약하면 된다고 웃으며 말했다.

'디지털 네이티브'라고 불리는 젊은 세대가 유튜브나 검색에 능한 것은 그럴 수 있겠다 쳐도, 취재차 만난 중장년층의 상당수 역시 더 이상 책이 필요없다는 말을 많이 했다. 심지어 10~20대보다 훨씬 비율이 높았다. 책, 신문, 잡지 등 문자 기반의 시대를 오래 살았던 중장년층도 궁금한 것을 인터넷으로 검색하면 다 나오니 힘들게 글자를 읽을 필요가 없고, 외우거나 공부할 필요도 없다는 것이었다.

시대가 변함에 따라 교육계에서도 지식에 대한 중요성을 강조하는 것이 한풀 꺾인 지 꽤 되었다. 과거 우리나라 교육이 주입식으로 많은 것을 암기하게 하여 시험으로 확인하는 것에 가까웠다면, 2015 개정 교육과정부터는 '무기력한 지식 교육'의 한계를 극복하고 역량 중심 교육을 강조하면서 특히 창의력을 키워야 한다는 목소리가 높아졌다. 강의 일색에서 벗어나 실험과 활동 등을 통해 학생들이 직접 탐구할 수 있도록 교육과정도 많이 바뀌었다. 그 과정에서 지식보다는 창의성이 더 중요하며, 지식 중심 교육을 지양해야 한다는 반성적 비판이 나왔다. AI가 크게 대두되고 있는 지금은 AI에게 물어보면 웬만한 정보를 아주 짧은 시간에 확인할 수 있으므로 '질문하는 능력'이 훨씬 더 중요하다는 것이 주요한 흐름이 되고 있다. 배경지식이 없어도 질문만 잘하면 답은 쉽게 확인할 수 있는 시대라고 말이다. 스마트폰으로 언제 어디서나 빠르게 검색할 수 있는 시대, 이제 더 이상 지식이 필요 없는 게 맞을까? 검색만 하면 되는 세상이니 정말 질문만으로 모든 것을 해결할 수 있는 걸까?

## 활동형 수업이 놓치고 있던 것들

학생, 학부모, 교사 등 3000여 명을 대상으로 교육에 대한 대규모 인식 조사를 한 적이 있다. '미래에는 어떤 교육이 필요한가?'와 관련된 질문들이 있었는데, 조사에 참여한 사람들은 대체로 '미래 사회에 필요한 인재는 지식보다 창의력을 갖추는 것이 필요하다'고 믿었으며, 창의성과 같은 역량을 키우기 위해서는 학생들이 주도적으로 질문하고 활동을 통해 지식을 익히는 활동형 수업을 실시하는 것을 긍정적으로 생각했다. 전통적으로 우리나라에서 많이 해온, 지식을 강조하는 강의형 수업에 대해서는

| 질문 | '그렇다'고 답한 비율(%) | | |
|---|---|---|---|
| | 학부모 | 학생 | 교사 |
| 미래 사회에 필요한 인재는 지식보다 창의력을 갖추는 것이 필요하다. | 82.7 | 77.2 | 76.8 |
| 교사 주도의 강의식 수업보다 학생 주도의 활동식 수업이 미래 인재 양성에 적합하다. | 81.2 | 71.0 | 73.5 |
| 미래 사회에도 지식을 중심으로 교육이 이루어져야 한다. | 56.3 | 52.2 | 44.6 |
| 학생이 능동적으로 수업에 참여하고 자신의 생각을 표현하도록 가르쳐야 한다. | 92.5 | 83.5 | 96.5 |
| 지식을 체계적으로 정리하여 효율적으로 가르치는 수업이 강조되어야 한다. | 77.8 | 69.1 | 50.6 |

표 7-1 ▶ 학생, 학부모, 교사 3000여 명을 대상으로 실시한 미래 교육에 대한 인식 조사. (출처: 한국리서치, 2019년)

'바뀌어야 한다'고 생각하는 비율이 높았다. 학생, 학부모, 교사 모두 지식 중심 교육은 문제가 많고 미래 사회에는 지식 교육이 별로 중요하지 않을 거라고 여겼다. 특히 교사의 경우에는 학생, 학부모에 비해 '미래 사회에도 지식을 중심으로 교육이 이루어져야 한다'는 문항에 동의하는 비율이 가장 낮았다.

조사 결과를 확인하기 위해 강의형 수업, 학생 주도 활동형 수업, 교사가 적극적으로 개입하는 활동형 수업 등 3가지 형태로 실험¹을 진행했다. 전국 중학생 600명을 대상으로 법에 관한 수업을 각각의 방법으로 진행하고, 수업 유형에 따라 학생의 성취도와 법의식(인식)을 조사했다. 강의형 수업은 우리가 흔히 알고 있듯 교사가 교과 내용을 설명하는 방식이다. 학생 주도 활동형 수업은 교사가 기초적인 개념만 알려주고 학생들이 활동을 통해 그날 배울 내용을 익히는 방식이다. 교사가 적극적으로 개입하는 활동형 수업은 교사가 학생들의 활동에 적극적으로 개입해서 질문을 던지고 학생들의 피드백을 체크하며 상호작용을 지속적으로 하는 방법이다.

강의형 수업은 우리가 흔히 알고 있는 교실의 풍경과 유사했다. 교사가 칠판 앞에서 주로 말하고, 학생들은 조용히 수업을 듣고 칠판을 보며 필기했다. 활동형 수업에서는 학생들이 모둠별로 둘러앉아 주제에 대해 각자의 의견을 나누었다. 그러다 보니 수업 분위기가 활기찼고 학생들의 목소리로 교실이 꽉 찼다. 자는 학생은 당연히 단 한 명도 없었다. 겉으로만 보면 활동형 수업이 훨씬 더 생기 있고 즐거워 보였다. 학생들이 서로 쉬지 않고 이야기하니, 학생들 스스로 깨달음을 통해 그날의 교과 진도를 깨쳐 나가는 듯해, 보는 것만으로도 뿌듯함이 느껴졌다. 겉보기에는 얼핏 지루해 보이는 강의형에 비해 학생 주도 활동형 수업의 완벽한 승리로 보였다.

　결과는 어땠을까? 성취도는 '강의형 > 교사 개입 활동형 > 학생 주도 활동형' 순으로 높았다. 법 효능감²은 '강의형 > 학생 주도 활동형 > 교사 개입 활동형' 순이었다. 학생들이 느끼는 수업 만족도는 '강의형 > 학생 주도 활동형 > 교사 개입 활동형'의 순서로 나타났는데, 그 차이는 서로 미미했다. 흥미로운 것은 가장 높은 법 효능감 점수를 보인 집단이 강의형 수업을 받은 최하위권 학생들이었다는 것이다. 성취도야 지식 중심의 강의형 수업이 가장 높을 수 있지만, 정서와 행동 측면을 확인하고자 한 법의식 또한 강의형 수업이 가장 높다는 것은 의외의 결과였다. 이러한 결과는 지식이 확고하게 갖춰진 후에야 그것을 기반으로 법 정서나 법 행동의 향상을 기대할 수 있다는 것을 의미한다. 즉, 법의식에 있어서도 법이 무엇이고 왜 중요한지 알아야 법을 지켜야 한다는 생각이 든다는 뜻이다.

　문제는 하위권 학생들의 성취도였다. 학생 주도 활동형 수업의 경우 저성취 아이들은 오히려 수업 전보다 성취도가 떨어졌다. 교사의 지식 전달 없이 활동만으로 끝날 경우, 초보 학습자나 저성취 학습자들에게는 잘못된 개념이나 불완전한 지식을 심어줄 수 있었던 것이다. 수업한 후가 수업하기 전보다 더 나빠진 충격

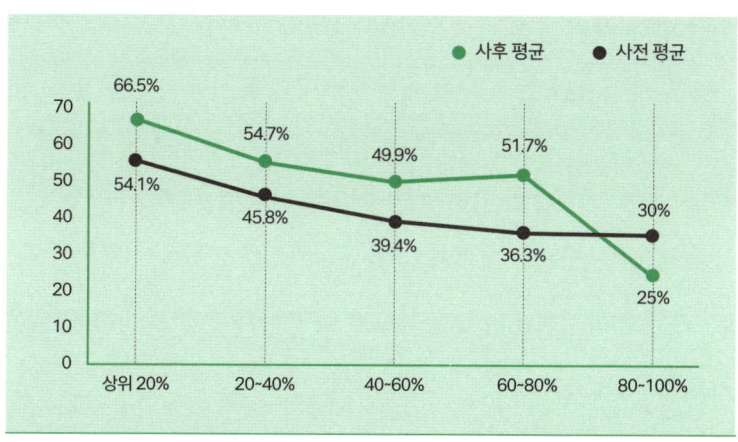

그림 7-1 ▶ 학생 주도 활동형 수업의 사전 사후 성취도 비교. 저성취 학생들의 경우 활동형 수업 후 성취도가 오히려 떨어졌다.

적인 결과였다.

실제로 한국, 프랑스, 핀란드에서 학생 중심의 활동형 수업을 지켜본 결과, 공통적으로 발견되는 것이 있었다. 소위 공부를 잘하는 고성취자들은 이미 갖고 있는 배경지식을 바탕으로 수업 활동을 통해 지식을 즐겁게 익히며 배경지식을 더욱 공고히 했지만, 공부에 관심이 없거나 저성취자들은 해당 수업 시간에 무엇을 알아야 하는지조차도 모른 채 활동 자체에만 매몰되어 시간을 보내는 모습을 보였다. 예를 들어 원의 특징을 배우기 위해서 원 그리기 활동을 했을 때, 원의 특징은 깨닫지 못하고 "원 그리기가 힘들다"는 얘기만 하는 경우가 발생했던 것이다.

  수업 내용을 충분히 이해하지 못했다면 교사에게 질문할 수 있는 상황이었다. 분명 그날 배워야 할 것을 미처 배우지 못한 상태라면 배우는 당사자인 학생들이 가장 답답했을 것이다. 교사가 교실에 있었음에도 불구하고 학생들은 왜 질문하지 않았을까? 이 물음에 학생들은 이구동성으로 대답했다. "뭘 알아야 질문을 하죠."

## 배경지식보다 질문이 더 중요하다는 착각

  2013년 설립된 알트스쿨Alt School은 실리콘밸리에서 가장 주목받는 학교였다. 페이스북 창립자인 마크 저커버그가 투자하고 구글 엔지니어 출신이 만든 학교였기 때문이다. 학교 건물 안은 벽이 없는 개방형 공간으로 이루어져 있고, 학생들은 정해진 교실 없이 매일 본인이 원하는 자리에서 수업을 받을 수 있었다. 등하교 시간도 자유로운 데다 학생들은 학교에서 개별 노트북으로 각자 공부했다. 학생 중심의 수업을 기치로 학생에게 맞춘 개별 커리큘럼을 통해 개인 맞춤형 학습learning을 지향했다. 미래에는 지식의 양보다는 질문하는 법이 중요하기에 교사가 주도하지 않고, 학생 스스로 오디오북이나 영상 콘텐츠를 통해 강의를 듣고 자신이 궁금한 것을 직접 알아보는 형식으로 수업이 진행되었다. 시험은 없었으며 오로지 교사와 학생 사이의 피드백을 통해 평가가 이루어졌다. 최첨단의 미래형 학교라 불린 알트스쿨은 전 세계의 주목을 받았고, '미래형 학교'로 급속도로 알려졌다. 그러나 곧 학부모들의 거센 항의를 받았다.

알트스쿨에 자녀 둘을 보낸 리사 씨는 학교에 대한 기대가 무척 컸다. 하지만 초등학교 3학년이 된 큰딸은 간단한 감사 편지조차 쓰지 못했고, 또래들이 읽을 법한 책도 더듬더듬 읽는 수준이었다. 학교에 지속적으로 문의했지만 달라지는 건 없었다. 결국 두 아이 모두 학습 부진 진단을 받자, 리사 씨는 아이들을 인근의 공립학교로 전학시켰다. 공립학교로 옮긴 이후 아이는 어머니의 날에 연필로 눌러쓴 감사 편지를 리사 씨에게 주었다.

리사 씨는 분명 미래형 교육이 아이에게 도움이 될 거라 믿었다. 그랬기에 새로운 학교를 선택했었다. 하지만 결과는 달랐다. 좋아 보인다고 생각했던 것들이 실제와는 다를 수 있기 때문이었다. 수많은 학부모들의 거센 반발과 학생들의 연이은 전학 이후 결국 알트스쿨은 4년 만에 폐교했다.

## 읽기 능력이 높은데 왜 읽지 못할까

배경지식은 읽기 능력에 어떤 영향을 끼칠까? 야구를 잘 모르는 성인들과 리틀 야구단 소속의 초등학생들에게 가상의 야구 경기 내용을 읽고 쓰인 대로 재현해보게 했다. 각 그룹은 5명씩으로 구성되었으며 성인 2개 그룹, 리틀 야구단 2개 그룹으로 하여 총 4개 그룹이 실험에 임했다. 각 그룹에는 아래와 같이 동점인 경기의 9회 말 공격 상황을 가상으로 쓴 글을 주고 3분 동안 각자 읽게 했다. 지문은 평이한 수준으로 작성했는데, 너무 어려운 야구 용어는 가능한 한 제외했다.

EBS 펭수스의 9회 말 공격이 시작되었다. 현재 스코어는 3-3 동점이고, 펭수스의 3번 타자打者부터 공격이 시작된다.
우타자인 3번 타자는 타석에 들어와서 안쪽 빠른 직구를 쳐서 깨끗한 좌전안타를 치고 1루 베이스로 달렸다. 깊숙한 곳에 떨어졌기 때문에 2루까지 가려고 1루를 지나 반 정도 갔으나, 귀루하여 1루에 멈췄다. 좌타자인 4번 타자는 타석에 들어와서 번트를 댔다. 투수와 포수와 3루수 사이로 번트를 대서 1루 주자를 무사히 2루로 보내고 본인은 아웃당했다. 희생번트 작전이 성공하였다. 우타자인 5번 타자는 요즘 타격감이 아주 좋은데, 특히 오늘은 전前타석에서 동점 3점 홈런을 친 주인공이었다. 상대팀 투수는 자동고의사구를 심판에게 콜했고, 승부욕이 불타는 모습으로 타석에 들어온 5번 타자는 허무하게 1루로 걸어나갔다. 좌타자인 6번 타자는 원래 당겨치기에 능한데, 이에 대비하기 위해 수비 역시 시프트가 걸려 있었다. 밋밋하게 제구가 된 공은 가운데로 몰렸고, 타자는 힘껏 배트를 휘둘렀다. 공은 멀리 뻗어나갔지만, 펜스 바로 앞에서 우익수에게 잡혔다. 우익수의 어깨가 강해서 1루 주자는 거의 2루까지 가 있다가 재빨리 귀루하였고, 2루 주자는 태그업을 시도했으나 결국 3루로 갈 수는 없었다. 9회 말 2사 주자 1, 2루, 우타자인 7번 타자가 타석에 섰다. 볼카운트 투스트라이크 쓰리볼에서 상대 투수는 포크볼을 던졌고, 타자는 헛스윙을 했다. 그런데 포수가 공을 잡지 못해 스트라이크 낫아웃 상태가 되어 타자는 최선을 다해 1루로 뛰었지만, 결국 아웃 당했다.

자, 어떠한가? 위의 글이 어려운가, 아니면 쉬운가? 야구에 대한 배경지식이 없는 사람들은 이 글을 어떻게 읽었을까? 일반적으로 글을 읽고 이해하고 기억하는 능력 자체는 성인이 아이보다 뛰어날 것이라고 예상하는 것이 합리적이다. 위의 글이 그리 어렵지 않다고 생각한다면 성인이 아이보다 훨씬 빠르게 재현할 수 있을 것이다. 초등학생이긴 하지만 야구선수라는 점을 감안하면, 성인과 아이가 비슷하게 재현할 수도 있겠다.

먼저 성인 그룹을 살펴보았다. 성인 그룹은 내용과 순서를 제대로 기억하지 못해서 우왕좌왕했고, 역할 나누기에서부터 헤매기 시작했다. 제시문에는 3번 타자부터 7번 타자까지 나오지만, 한 성인 그룹에서는 1번 타자부터 5번 타자로 역할을 나누겠다고 했다. 내용도 대부분 기억하지 못했다. 한 그룹이 5명이었기에 단편적인 부분이라도 서로 기억하는 바를 모아서 재현하고자 했지만, 그럼에도 메우기 어려운 구멍이 너무 컸다. 글을 제대로 이해하지 못했기에 세부 내용을 기억할 수 없었던 것이다. 결국 성인으로 구성된 2개 그룹은 글을 읽고 그 내용대로 경기를 재현하는데 각각 11분과 17분이 걸렸다. 그에 비해 리틀 야구단 그룹은 둘 다 1분 만에 순서대로 정확히 재현을 마쳤다. 논의나 고민도 없었다. 타자의 순서를 정하고 나니 모든 것이 차례대로 진행됐다. 누가 지시할 것도 없었다. 초등 저학년인 선수조차도 자신의 역할을 기억하며 조금의 오차 없이 움직였다.

이러한 결과는 텍스트를 이해하고 기억하는 데는 읽기 능력보다 배경지식이 강력한 영향을 미친다는 것을 보여준다. 나아가 읽기 능력, 즉 문해력이 조금 떨어지더라도 배경지식이 많다면 텍스트 자체를 이해하고 기억하는 데도 훨씬 유리하다는 뜻이기도 하다.

이 야구 실험은 1988년 위스콘신대학교의 두 학자 도나 레흐트Donna Recht와 로렌 레슬리Lauren Lesli가 사전 지식과 읽기 능력이 학생들의 단기 및 장기 기억에 미치는 영향을 조사하기 위해 설계한 것을 변형한 실험이다.[3] 당시 실험에서는 64명의 중학교 1~2학년 학생들을 사전에 평가한 읽기 능력(좋음·나쁨)과 야구에 대한 지식의 양(많음·적음)을 기준으로 4개의 그룹으로 나누었다. 야구 경기 진행 과정에 대한 글을 일정 분량 읽게 하고 이를 미니어처 야구장과 나무 인형 선수들로 재현하게 했는데, 이는 우리가 진행한 야구 실험과 유사한 방식이다. 그 결과도 동일했는데, 읽기 능력이 높은 '좋은 독자'를 포함하여 야구에 대해 거의 알지 못하는 아이들은 모두 저조한 결과를 보였고, 야구에 대해 많이 아는 아이들은 '좋은' 독자든 '나쁜' 독자든 뛰어난 결과를 보였다. 야구에 대해 많이 아는 '나쁜' 독자는 야구에 대해 잘 모르는 '좋은' 독자보다도 뛰어났다. 연구자들은 읽기 교육에 있어 읽기 전략(방법)에 대한 교육뿐 아니라 사전 지식과 배경지식을 구축하는 것이 중요함을 강조하였고, 읽기 전략과 지식 기반을 균형 있게 고려한 교육제도를 설계할 필요성이 있음을 제시하였다.

이 실험에서 또 깊이 있게 봐야 할 점은 어휘다. 일반적인 어휘는 성인들이 더 많이 알지만, 야구와 관련된 어휘에 있어서는 리틀 야구단 선수들이 훨씬 익숙하다. 야구에 대해 잘 알지 못하고 또 관심도 없는 성인들에게 제시된 지문은 외국어나 외계어와 다름없이 느껴졌을 터다. 그들에게 이 지문은 '글이 있어 읽을 수는 있으나 실제로는 중간중간 구멍이 뚫리고 가려져서 보이지 않는' 것이나 마찬가지였다. 일반적인 어휘 지식으로 유추해보기도 했지만 한계가 있어 실험이 끝난 후 성인 참가자들은 "아무리 읽고 기억하려고 해도 할 수 없었다"고 이야기했다.

실제로 야구 실험에 참가한 성인들 중에는 투수, 타자, 1루 등은 알지만 좌타자가 홈베이스의 좌측에서 타격을 하는 오른손잡이를 의미하는지, 우측에서 타격을 하는 왼손잡이를 의미하는지 모르는 경우도 있었다. 그런 식이었으니 당겨치기와 감아치기를 파악할 리 없었고, 자동고의사구를 타자가 친 공에 누가 맞아서 아웃이 되는 거라고 추측하는 등 부족한 어휘력으로 인해 크게 어려움을 겪었다. 어휘력이 부족하다 보니 텍스트에 대한 기본적인 해독부터 잘되지 않았고, 해독도 되지 않은 내용을 이해하거나 외우려면 인지적인 노력을 더 많이 기울여야만 하기에 재현은 불가능에 가까운 것이 되어버렸다. 그에 비해 아이들은 야구에 대한 배경지식이 정교하게 머릿속에 있는 상태에서 글을 읽었으니 어휘가 바로 해독되면서 상황을 그림처럼 그리는 시뮬레이션이 가능했을 것이다. 그랬기에 1분 안에 모든 내용을 정확히 재현할 수 있었다.

## 제목 없는 글 읽기 실험

배경지식과 읽기 능력의 관계를 보여주는 실험은 또 있다. 제목을 가린 아래 글을 한번 보자.

■■■■■

우선 2명 이상의 사람이 필요하다. 나이와 성별은 제한하지 않는다. 적당한 장소를 찾아야 한다. 단단하고 습기가 없는 바닥을 택하는 것을 추천한다. 필요한 막대의 개수를 확인한다. 일반적으로 나무 소재의 막대를 사용한다. 판을 꺼내고, 없다면 29개의 원을 특정 배치에 따라 그린다. 판에 위치를 표시할 수 있는 작은 물건을 여러 개 준비한다. 준비물을 모은 뒤 적당한 수로 사람을 나눈다. 순서를 정하고 번갈아가며 진행한다. 참가자들이 모두 규칙을 잘 알고 있는지 확인하고 몇 가지 규칙을 더하는 것도 좋다. 준비물만 있다면 어디에서든 쉽게 즐길 수 있다. 간단하지만 전략적인 요소를 통해 즐거움을 선사한다.

무엇에 대한 설명일까? 바로 '윷놀이'다. 실험에서는 20대 초반의 대학생 20명에게 위의 글을 제목이 있는 상태와 제목이 없는 상태로 나누어서 제시했다. 각각의 조건에 따라 글을 읽는 시간, 안구의 고정 횟수 등을 비교해보았다. 그 결과, 제목이 있는 글을 읽을 때 더 빨리 읽고 안구가 고정되는 횟수도 적었다. 이는 텍스트를 읽을 때 사전에 어떤 내용인지 정보가 있다면 더 유리하다는 것을 의미한다.

앞의 두 실험을 진행한 인지심리학자 최원일 교수는 결과에 대해 이렇게 설명했다.

"배경지식과 어휘력이 있다면 훨씬 쉽게 할 수 있는 일인데, 두 실험에서 확인할 수 있는 것처럼 어휘력이 부족하고 배경지식도 없으면 당연히 읽기는 어려울 수밖에 없다. 어휘를 이해하지 못하면 읽고 싶어지지 않고, 내용을 이해하지 못하니까 배경지식은 더 떨어지며, 그러면 더 읽지 않게 되어 상황은 점점 더 악화된다. 이처럼 배경지식이 없는 것과 어휘력의 부족은 연결되어 있다. 둘은 상호 인과관계를 가지고 있어서 글 읽기에 있어 떼려야 뗄 수 없는 매우 중요한 요소라고 볼 수 있다."

동영상을 보면서도 정보를 접할 수 있지만, (읽기 능력이 충분하다면) 읽기는 동영상에 비해 같은 시간에 더 많은 정보를 효과적으로 찾을 수 있는 방법이다. 시간적으로 효율이 높을 뿐만 아니라, 6장에서 얘기했듯 같은 내용의 콘텐츠여도 책을 읽을 때와 영상을 볼 때 전두엽의 활성화 정도가 다르며 책을 읽을 때 뇌의 더 많은 영역이 반응한다. 기억력과 창의력에도 차이가 생길 수 있다. 읽기는 배경지식과 사전 지식을 늘리는 효과적인 수단이다. 더 많이 읽을수록 읽기 능력이 더욱 개발된다. 결국 많이 읽는 것이 더 훌륭한 독자가 되는 선순환 구조를 만드는 것이다. 미국 버지니아대학교 교수이자 국가교육과학위원회National Board for Education Sciences의 멤버였던 인지심리학자 대니얼 윌링햄Daniel Willingham은 "선생님들이 깨달아야 할 중요한 사실은, 교사로서 학문적인 내용을 학생들에게 가르치는 건 바로 아이들의 문해력을 높이는 데 필요한 일이라는 점이다. 왜냐하면 아이들을 훌륭한 독자로 만드는 것 중 하나가 학문 전반에 걸쳐 폭넓은 지식을 갖게 하는 것이기 때문이다"라고 하며 읽기와 지식 쌓기의 선순환 구조를 강조하였다. 인간이 읽고, 그 읽기 능력을 바탕으로 문해력을 다지기 위해서는 배경지식이 토대가 되어야 하는 것이다.

## 거짓말하는 AI와의 승부

독서 동기에 대한 실험을 해보려고 열심히 자료를 찾고 있을 때였다. 인간의 동기에 관한 실험은 많은데 독서 동기에 대한 실험 사례는 좀처럼 찾기 어려웠다. 세계의 숱한 연구자들이 독서 동기에 대한 실험을 하나도 하지 않았다는 것을 믿을 수가 없어서 몇 날 며칠을 계속 매달리다가 문득 꾀를 하나 떠올렸다. 챗GPT에게 물어보기로 한 것이다.[4] 챗GPT에게 질문하니 순식간에 논문 10개의 제목과 함께, 요약된 결론을 찾아주었다. 하나하나 읽어보니 꽤 그럴듯해 보였다. 욕심이 나서 10개 더 찾아달라고 했더니 이전과 다른 논문이 또 나왔다. 이렇게 쉽다니, 의기양양해졌다. 챗GPT가 찾아준 논문 제목과 결론 요약본을 읽어본 후, 그중 가장 관심이 가는 논문 몇 개를 골라 전문을 확인할 수 있는 인터넷주소를 링크해달라고 했다.

그런데 웬걸, 챗GPT가 알려준 인터넷주소에는 그 논문이 없었다. 오래된 논문은 인터넷주소가 변경됐을 수도 있겠다 싶어 직접 제목을 구글에서 검색했지만 그런 논문은 나오지 않았다. 다른 논문도 검색해봤지만 마찬가지였다. 챗GPT가 찾아준 20개의 논문 중 실제로 존재하는 건 단 하나도 없었다. 모두 뻥이었다. 소중한 시간을 아껴보고자 AI를 쓴 건데, AI가 내게 한 거짓말을 확인하고 검증하는 데 몇 곱절 이상의 시간을 써야만 했다. 동기 이론에 대해서도 잘 모르고, 대표 연구자도 알지 못하니 AI의 거짓말에 완전히 속아 넘어간 것이었다. AI를 잘 활용하려면 질문이 중요하다는 얘기를 자주 하지만, 정작 질문을 잘하고 그에 대한 정답을 찾는 것은 배경지식을 얼마나 갖추고 있느냐에 따라 차이가 난다.

그에 비해 배경지식이 충분해서 AI의 거짓말에 속지 않은 경우도 있다. 달리DALL-E나 스테이블 디퓨전Stable Diffusion과 같은 이미지 및 영상을 만들어주는 AI 프로그램을 활용하여 프로그램 속 자료 영상을 만들려고 시도했을 때다. 이순신 장군의 노량해전을 영상 자료로 만들어보고 싶어서, 노량해전을 재연한 그림을 한 장 주고 10초 정도의 영상을 만들어달라고 했다. 처음 제시한 자료 사진을 마치 실제로 움직이는 것처럼 바꾸는 것은 곧잘 했지만, 기존 이미지를 참고해서 만들어낸 다음 컷에서는 왜구를

19세기 일본군으로 표현했다. 임진왜란 당시의 왜구에 대한 지식과 정보를 AI가 가지고 있지 않아 발생한 오류였다. 이번에는 어땠을까? 다행히 나에게는 16세기 왜구와 19세기 일본군을 구분할 수 있는 지식이 있었기에 시간을 낭비하지 않고 바로 그 영상을 삭제해버렸다.

AI가 빠른 속도로 발전하고 있으므로 현재는 답변이 다소 부실하더라도, 조만간 정확한 답을 내놓을 것이라고 말하는 사람들도 있다. 발전한다고 하더라도 AI가 가지고 있는 본질적인 맹점은 존재한다. 바로 데이터 편향 문제다. AI는 인터넷에 있는 데이터를 가지고 학습한다. 데이터에서 차지하는 비중이 적은 소수집단에 대한 내용은 아무래도 학습량이 부족할 수밖에 없다. 이미지나 영상 생성 AI 프로그램에서 서양인은 굉장히 잘 구현하지만, 아시아인은 상대적으로 구현도가 떨어진다. 16세기 왜구와 19세기 일본군을 구분하지 못하는 것도 이 때문이다. 아무래도 서양(영어권)의 자료가 훨씬 더 많기도 하고, AI 기술이 미국을 중심으로 앞서 있기 때문이기도 하다. 최근에는 중국의 AI 산업이 급속도로 발전하면서 아시아인에 대한 영상이나 이미지가 필요할 때는 중국에서 만든 AI 프로그램을 사용하면 훨씬 더 고품질의 자료를 구할 수 있다. 중국의 데이터가 AI의 학습에 많이 이용되었기 때문일 것이다.

　더 큰 문제는 아예 인터넷에 접근하지 못하는 사람들이 있다는 점이다. 현재 전 세계 인구 중 33%는 인터넷을 이용하지 않는다. 아프리카의 인터넷 접속 비율은 37%에 불과하다. 인터넷에 데이터가 없는 집단이나 지역의 의견은 AI에 반영되지 못할 가능성이 높다. 이는 기술의 문제가 아니라 정보의 편향과 데이터 민주주의의 문제이기 때문에 AI의 답변은 언제나 오류의 가능성을 동반한다는 사실을 인지해야만 한다. 아무리 AI가 발전해도 정보에 대한 사실 검증과 판단은 인간의 몫이다. AI가 편견과 고정관념이 가득한 가짜 뉴스를 만들어냈을 때, 그것을 읽고 빠르게 판단하려면 배경지식이 필요하며, 이는 비판적 문해력의 요추가 된다.

# 8 어휘 격차가 불러온 심각한 현실

## '영전'하심에 '심심한 사과'를 드립니다

20대 직장인 신영 씨는 신입 사원 시절 잊지 못할 만큼 난감한 일을 경험했다. 회사에 인사이동이 있어 다른 부서에 있던 사람이 그녀가 있는 부서로 오게 되었는데, 새로 온 사람에게 기존 부서 사람들이 한목소리로 "영전을 축하드립니다"라고 한 것이었다. 모두가 축하한다고 하니 좋은 일이 있는 것 같은데, '영전'이라는 단어를 처음 들은 신영 씨만은 아무 말도 할 수 없었다.

작가 사인회를 개최할 예정이던 한 카페에서 선착순으로 참가 신청을 받고자 했다. 그런데 예약 시스템에 오류가 나는 사고가 발생했다. 신청하려고 기다리던 사람들이 불편을 겪게 되자 이

카페에서는 서둘러 사과문을 작성해 게시하였다. 이때 '심심한 사과 말씀 드립니다'라고 썼는데 이 '심심한 사과' 때문에 한바탕 소동이 났다. 꽤 많은 사람들이 "나는 안 심심한데 왜 사과를 심심하다고 하느냐"며 연이어 항의했다. 매우 깊고 간절하게 사과 드린다는 뜻의 '심심甚深'을 알지 못해 벌어진 사건이었다. 이 사건은 인터넷에서 꽤 널리 회자되어 많은 사람들에게 충격을 주기도 했다.

문해력을 이루는 요소 중 '어휘'는 꽤 중요한 역할을 차지한다. 글자를 읽고 해독하고 소릿값을 아는 것이 필요한 기초 문해력의 단계를 지나면, 읽기 능력이나 문해력을 좌우하는 가장 중요한 요소는 아마도 어휘력과 배경지식일 것이다. 해독한 글자를 자신이 가진 언어 지식과 결합시켜서 어떤 의미로 사용되었는지 파악하는 것이 필수적이기 때문이다. 글자가 무슨 단어인지를 읽어낼 수 있다 하더라도 그 단어가 의미하는 바를 알 수 없다면 '읽었다'고 할 수 없다. 외국어를 배우는 과정을 생각해보면 이해하기 쉽다. 예를 들어 독일어 'morgen(내일)'의 경우 알파벳을 아는 사람이라면 소리나는 대로 /모르겐/이라고 읽을 수는 있겠지만 이 단어가 무슨 뜻인지 모른다면 읽었다거나 안다고 할 수 없다.

'중식', '금일', '심심한 사과' 등 어휘와 관련한 웃지 못할 일화들이 최근 언론을 통해 소개되면서 어휘력에 대해 걱정하는 목소리가 꽤 있다. 반면, 이에 못지않게 "뭐가 그렇게 문제가 되느냐"는 사람들도 많다. "모르는 게 당연하다", "어차피 잘 안 쓰는 단어고 시대의 흐름에 따라 사라질 단어다", "굳이 왜 어려운 한자어를 쓰냐"고 말하며 "어려운 단어를 쓰는 사람들이 문제"라는 인식도 높다.

하나의 단어를 아는 것은 그 대상의 개념을 정확하게 파악하고 그에 따른 정보를 확보하는 것과 관련되어 있다. 이 정보는 개인적 체험과 결합해 보다 광범위한 배경지식으로 발전하며 스키마 schema, 즉 개인이 갖고 있는 지식의 총체로 탈바꿈한다. 어휘력이 중요한 이유는 바로 여기에 있다. 아는 만큼 보인다고 했던가. 어휘는 자신이 아는 것을 표현하는 기초적인 도구라는 점에서 어휘의 상실은 자신이 가지고 있는 세계가 사라짐을 뜻하는 것이다. 서울대학교 국어교육과에서 학생들을 가르쳤던 김광해 교수는 어휘력의 중요성에 대해 강조하며 "어휘력, 또는 어휘 능력은 인간의 언어능력 전반으로부터 분리될 수 없다"고 하면서 "언어능력으로부터 어휘력만을 따로 분리하여 생각하려는 것은 마치《베니스의 상인》에 나오는 샤일록 재판에서 '피를 흘리지 않고 살점만을 분리해내라'는 판결과도 흡사하다"고 이야기했다.[1]

## 세계를 이해하는 무기, 어휘력

흔히 사람들은 살면서 알아야 할 단어들은 이미 다 알고 있다고 생각하는 경향이 있다. 세상의 모든 어휘를 알 수는 없기에 살다 보면 모르는 단어를 누구나 당연히 마주하게 된다. 이때 내가 모르는 단어는 몰라도 되는 단어이고 어차피 잘 안 쓰는 단어라고 여기고 넘어가면 어떨까? 단어 몇 개 모른다고 해서 먹고사는 데 큰 지장은 없지 않은가 하면서 말이다. 사실 이러한 태도는 자기합리화에 가깝다. 광주과학기술원 최원일 교수는 "언어심리학의 관점에서 보면 어휘를 안다는 것은, 많이 안다는 것 못지않게 얼마나 빠르고 효율적으로 어휘 정보를 받아들이고 내가 가진 심성어휘집 mental lexicon*에 접속하여 인출하고 싶을 때 쉽게 꺼내는가의 관점에서 보아야 한다. 읽기 전체 과정에서 어휘라는 부분에서 브레이크가 한번 밟히면, 이는 나중에 교통체증으로 이어지게 된다"고 하였다.

어휘는 읽기 이해의 기초다. 읽기는 단순히 문자를 해독하는

---

* 단어의 의미, 형태, 발음, 문법적 특성 등을 포함하여 단어에 대한 사람의 내면화된 지식을 의미한다. '머릿속 사전', '마음속 사전'이라고도 한다.

과정이 아니라 텍스트의 의미를 파악하고 이를 자신의 지식과 연결하는 과정인데, 이때 어휘력은 핵심적인 역할을 한다. 그것이 어휘가 중요한 첫째 이유다. 둘째, 어휘력이 뛰어난 사람은 다양한 표현과 개념을 이해할 수 있기 때문에 문해력이 높다. 문해력이 높으면 텍스트를 비판적으로 분석하고 이를 바탕으로 논리적인 판단을 내릴 수 있다. 요즘과 같이 인터넷과 SNS 등을 통해 빠르게 쏟아지는 정보 속에서 정확한 정보를 찾고 비판적 사고를 기반으로 진위를 해석하는 능력이 필수적인 시대에는 풍부한 어휘력이 더욱더 요구된다. 셋째, 어휘력이 뛰어난 사람은 자신의 생각과 감정을 보다 정확하고 효과적으로 표현할 수 있다. 어휘력을 높이면 자신에 대한 이해도와 동시에 타인의 감정과 생각을 이해하는 능력 또한 향상된다.

앞서 언급한 일련의 해프닝들이 생기면서 성인들 스스로 자신의 어휘력을 점검해보고자 하는 관심이 부쩍 높아졌다. 성인을 위한 문해력 프로그램 〈당신의 문해력 플러스〉의 방송을 준비하면서 우리는 성인을 대상으로 한 어휘력 검사를 만들었다. 2022년 9월 '성인 어휘 능력 검사'를 공개한 지 하루 만에 13만 명이 참여했는데, 2025년 현재는 55만 명이 넘었다. 이처럼 많은 응시자 수는 어휘력에 대한 관심이 그만큼 높다는 것을 의미한다.

검사를 통해 나타난 어휘력 실태는 어땠을까? 2022년 방송 당시 평균 점수는 15점 만점에 9점으로, 100점으로 환산하면 60점 정도였다. '성인 어휘 능력 검사'를 함께 만들고 진행했던 이화여자대학교 국어교육과 서혁 교수는 "70점 정도를 기대했는데 예상보다 낮은 점수"라고 평했다. 어휘력에 대한 인식을 알아볼 수 있는 설문조사도 함께 진행했는데, 조사 결과 어휘 능력이 중요하다고 생각하는 사람들은 '그렇다'와 '매우 그렇다'를 합쳐서 91.2%에 달했고, '어휘를 잘 쓰는 사람을 멋있다'고 생각하는 사람도 93.7%로 압도적이었다. 그럼에도 '어휘 공부를 따로 하지 않는다'가 64.4%였고 '어려운 어휘를 피한다'도 77.3%였다. 결과에 대해 서혁 교수는 "어휘가 중요하다고 생각하고 어휘를 잘 쓰는 사람들을 부러워하면서도 실제로는 어휘 공부를 하지 않고 어려운 어휘를 보면 읽어보고 이해해보려는 노력조차 하지 않는 마음가짐이 문제"라고 지적했다.

자신의 인생에서 중요한 일을 하기 위해 반드시 어휘 공부를 해야 할 때에도 자신이 부족하다는 것을 인정하고 노력하는 사람은 그다지 많지 않다. 취재 중에 운전면허 필기시험을 몇 번이나 떨어져서 걱정이 많다는 한 남성을 만난 적이 있는데, 그는 "문제가 너무 어려워서 풀 수가 없다"고 말했다. 모르는 것이 무엇인지 확인해보니 '좌합류도로, 편도 3차로, 점멸교차로' 등 단어의 뜻을 몰라서 문제를 이해하는 것조차 안 된다고 했다. 따로 공부를 해야 하는 것 아니냐고 물었더니 "남들이 다 쉽다고 해서 그냥 보면 될 줄 알았다. 따로 하자니 귀찮다. 몇 번 더 보면 자연스럽게 알게 될 것 같다"고 답했다. 단어를 몰라도 문맥을 파악하여 대략적인 뜻을 유추할 수 있는 경우도 있지만, 운전면허 시험에 나오는 단어들처럼 개념이나 정의를 설명하는 것들은 반드시 따로 익혀야 한다. 일부러 배우지 않으면 어휘에서 막혀 앞으로 나아갈 수가 없다.

읽기 능력이 꼭 어휘력을 말하는 것만은 아니다. 그럼에도 불구하고 앞서 말한 '중식', '금일', '심심한 사과'와 같이 문해력 하락의 사례를 들 때 많은 경우가 어휘력 문제와 겹치는 이유는, 읽기 능력이나 문해력에 있어 어휘가 매우 중요한 요소임이 분명하기 때문이다.

국내의 한 연구[2]에서는 한국어 학습자 64명을 대상으로 읽기 능력 평가, 양적 어휘력 평가, 질적 어휘력 평가를 실시하여 어휘력과 읽기 능력 간의 상관관계를 분석하였다. 그 결과 어휘력과 읽기 능력 사이에 매우 높은 상관관계가 나타났고, 어휘력(양적 어휘력, 질적 어휘력)이 읽기 능력의 약 84%를 설명할 수 있다고 했다.

이는 어휘력이 읽기 능력을 구성하는 데 가장 많은 영향을 끼치는 요소라는 점을 확인한 것이며, 학습자의 어휘력이 향상될수록 읽기 능력도 향상됨을 의미한다.

2024년 발표된 호주의 연구 결과[3]도 흥미롭다. 초등학생 176명을 대상으로 1학년부터 5학년까지 매년 어휘력(표현 어휘와 수용 어휘)과 읽기 이해력의 핵심 기초 능력인 단어인식 능력word recognition*을 테스트하고 추적조사를 실시했는데, 어휘력과 단어 읽기는 서로 영향을 주고받고 강화하는 관계를 안정적으로 형성하였고 학년이 올라갈수록 단어인식 능력이 이후의 어휘력 발달에 더 중요한 역할을 하는 것으로 나타났다. 또한 어휘력 발달은 개인차가 크게 나타났지만, 단어인식 능력은 거의 차이가 없었다. 읽기와 어휘력은 독립적인 능력이 아니라 서로를 강화하는 관계이므로, 교육을 통해 두 영역을 통합적으로 지도하는 것이 중요함을 알 수 있다.

---

* 단어를 정확하고 빠르게 인식하는 능력으로 음운에 대한 이해와 시각적 인식을 모두 포함한다.

## '어휘 격차'의 무서운 현실

　미국 캔자스대학교 베티 하트Betty Hart 교수와 알래스카대학교 토드 R. 리슬리Todd R. Risley 교수에 따르면,[4] 사회경제적 지위가 높은 전문직 종사자 가정의 아동이 시간당 평균 2153개의 단어를 듣는 데 반해 사회복지 혜택을 받는 가정의 아동은 시간당 평균 616개의 단어를 듣는 것에 불과하고, 이러한 차이가 3세까지 누적되면 3000만 개의 어휘 격차로 벌어진다고 한다. 더구나 3세 아이들이 쓰는 단어의 86~98%는 부모가 사용하는 단어로 이뤄지는데, 3세 시기의 어휘력은 향후 9~10세의 언어능력 수준 및 학업성취도와 동일할 것으로 예측할 수 있다고 하였다. 양육자가 아이에게 어떤 단어를 얼마나 많이 말해주느냐가 아이의 어휘력과 문해력 발달에 직접적인 영향을 끼치는 중요한 요소라는 것을 확인할 수 있으며, 아이를 키우다 보면 아이가 부모 등 양육자가 쓰는 말과 똑같은 말을 쓴다고 놀라거나 웃게 되는 경우가 종종 있는데 그런 경험과 일치하는 연구이기도 하다. 또한, 유아 시기에 발생한 이 격차는 (강력한 개입이 없다면) 학교에 입학한 이후에도 유지된다는 것을 의미한다.

　유아기의 초기 문해력 발달을 위해서는 아이들이 더 많은 단어와 말을 들을 수 있게 해야 한다. '아이를 키울 때는 수다쟁이가 되어야 한다'는 꼭 실천할 필요가 있는 말이다. 그리고 아이와의 상황에 집중해야 한다. 영유아가 관심 있거나 재미를 느끼는 반응을 잘 파악해야 하고, 아이와 의사소통을 하겠다는 마음으로 적극적으로 이야기하고 들으려고 해야 한다. 또한 '아이가 얼마나 알아듣겠어?'라고 미리 재단하지 않고 다양한 단어를 사용하는 것이 좋다. 그 단어가 무엇을 뜻하는지 어떤 상황에서 쓰이는지 유아가 바로 알지 못하면 설명을 해주고, 다른 상황에서도 단어를 반복적으로 사용하면 된다. 그렇게 단어가 의미를 지니고 있고 그것이 사용되는 맥락이 있음을 아이들도 점점 더 경험하고 알아가는 것이다.

 아이가 아이 수준의 어휘만 쓰지 않고 어른의 어휘까지 다양한 단어로 자기 의사를 잘 표현하도록 돕고 싶다면, 결국 부모를 비롯한 주변 어른들이 되도록 다양한 어휘로 이야기를 나누는 것이 필요하다. 하지만 한 개인이 일상에서 쓰는 어휘는 제한적이기에, 자신이 가진 어휘력의 한계를 넘으려면 책의 힘을 빌려 다채롭고 엄선된 좋은 단어들을 들려주는 것이 필요하다. 아이가 어릴 때부터 꾸준히 책을 읽어주는 것이 어휘력 발달에 도움이 되는 이유다.

## 중학생 10명 중 9명이 어휘력 부족

고등학교 국어교사인 홍수봉 씨는 학교 현장에서의 문해력 부족, 특히 어휘력 부족을 몸소 느끼는 당사자다. 그는 새로운 단원을 시작할 때마다 학생들에게 모르는 단어를 물어보게 한다. 직접 손을 들어서 질문하라고 하면 학생들이 편하고 솔직하게 말하지는 못할 것이기에, 학습 게시판과 같은 웹서비스를 통해 모르는 단어를 적으면 선생님이 뜻을 설명해주는 방식을 취한다. 그가 이런 수업을 하게 된 계기는 뭘까?

"어느 날 한 학생이 문제집을 들고 왔어요. 문제에서 '기차에서 기적 소리가 났다'는 표현이 나오는데 잘못됐다고요. 기적miracle은 소리가 없다는 거예요. 기차에서 그 소리가 날 리도 없고요."

그의 황당함은 이후에도 이어졌다. '머리에 서리가 내렸다'라는 관용적인 문구에 또 한 학생이 번쩍 손을 들었던 것이다. '서리가 내렸다'가 '머리가 세었다'는 걸 은유하는 표현임을 몰랐던 거다. 취재 중 만난 많은 중고등학생이 사자성어라면 다들 고개를 저었다. '두문불출'이라는 단어를 보고 '문 2개와 폭발하는 화산'을 그린 학생도 있었다.

〈당신의 문해력〉에서는 중학교 3학년 학생 2405명을 대상으로 어휘력 테스트를 진행했다. 중학교 학생들의 어휘력 수준을 확인해보기 위해서였다. 조사 결과, 참가 학생 중 혼자 교과서를 이해할 수 있는 어휘력을 가졌다고 볼 수 있는 수준인 88점 이상의 학생들은 9%에 불과했다. 나머지 91%의 학생들은 혼자 교과서를 읽고 이해하고 공부할 수 없는 수준이었던 것이다. 특히 내용 파악 자체가 어려운 43점 이하의 학생들도 11%나 되었다. 자기주도학습을 하려고 해도 교과서 내용을 혼자 읽고 이해하는 것이 불가능하니 혼자 공부하는 것은 사실상 어려운 상황이었다. 당장 교과 내용을 이해하기 위해서는 한국어 어휘 교육이 필요한 상황이지만, 'vocabulary'라는 영어 어휘 공부와 단어 시험은 매우 익숙한 데 반해 한국어 어휘 공부라는 것은 무척 낯설게 느껴진다.

중학생 어휘력 테스트 결과만 놓고 보면 '요즘 애들이 문제구나'라는 생각이 들다가도, 막상 중학교 교과서를 들여다보면 생각보다 교과서에 나오는 어휘가 꽤 어렵다는 걸 확인할 수 있다. 일상적인 어휘가 아니라 교과과정을 이해하기 위한 개념어가 많기 때문이다. 개념어는 대체할 수 있는 단어가 거의 없기 때문에 그 단어 자체를 모르면 읽기도, 이해하기도, 나아가 문제를 풀기도 어렵다. 〈당신의 문해력〉에서 중학교 3학년 국어, 사회, 과학 교과서에 나오는 모든 어휘를 분석한 결과, 3개 과목에 있는 어휘 수는 총 2만 4501개였는데, 그중 일상에서 흔히 쓰는 기초 어휘(일상 어휘)가 41%, 학문이나 학습의 기반이 되는 학습도구어academic vocabulary*가 21%로 두 어휘의 점유율이 62%나 되었다. 개념을 설명하는 학문적 단어에 가까운 학습도구어의 비중이 높으니 아이들이 모르는 단어가 수두룩한 것이 이해되기도 했다. 동시에 이는 일상적으로 많이 사용하는 41%의 기초 어휘를 이미 알고 있다고 가정했을 때, 21%에 해당하는 학습도구어의 뜻을 익힐 수만 있으면 교과서를 이해하는 것이 훨씬 쉬워질 수 있음을 의미한다.

어휘력이 높아지면 학업성취도가 함께 올라가는지를 확인하기 위해 중학교 3학년 남학생들을 대상으로 특별한 수업을 진행해 보았다. 사회과 수업에서 20차시 계획을 세워 각 단원의 핵심 내용에 해당하는 학습도구어를 먼저 익히도록 했다. 매 차시의 수업에서는 먼저 선정한 20~30개의 학습도구어를 교과서와 사전을 통해 그 뜻을 찾아보고 퀴즈와 게임 등의 활동을 하며 뜻을 익히도록 했다. 수업 후에는 '짧은 글 짓기'를 통해 그날 배운 어휘

---

* 여러 학문 분야에 두루 나타나면서 사고 및 논리 전개 과정을 담당하며, 인지 학술적 언어능력 신장의 기반이 되는 단어를 말한다. '사고도구어', '학술도구어', '학술 어휘', '학술어' 등으로 부르기도 한다.

를 문장으로 써봄으로써 그 어휘를 기억하도록 돕고 문장의 맥락 속에서 의미를 분명히 알 수 있도록 했다. 즉, 학습하고자 하는 단어의 수를 늘리는 양적 목표뿐 아니라, 학습한 각 단원의 의미와 단어의 용법을 더 넓고 깊게 이해하고자 하는 질적 목표 모두를 동시에 충족하고자 했다.

중학교 3학년 사회 과목에는 법과 정치가 포함되어 있어 각종 법률용어들이 등장하기 때문에 학생들이 특히 싫어하는 어려운 개념어가 무척 많았다. 20차시의 수업이 끝난 후 결과는 어땠을까? 사전 어휘력 테스트의 평균 점수가 59.8점이었는데, 사후 테스트는 79.4점으로 약 20점이 올랐다. 실제 학교 시험에서 중간고사 대비 기말고사 성적이 30점 오른 학생도 있었다. 무엇보다 가장 큰 결실은 학생들의 태도가 바뀌었다는 점이다. 수업을 진행한 교사는 "아이들의 눈빛에 자신감이 생겼고 모두들 적극적으로 참여하는 모습으로 변했다. 수업에 참여한다는 것은 학생들이 수업을 알아듣기 시작했다는 것을 의미한다"며 기뻐했다. 학생들 또한 모르는 단어투성이인 공포의 수업이 아니라 '알아듣고 이해하는 재미있는' 수업을 경험했다고 말했다.

신문 기사나 방송 뉴스에 나오는 단어가 어려워서 이해가 안 된 경험이 있는 성인들에게도 중학교 교과서에 나오는 학습도구어 공부는 꽤 유용하다. '인간이 살면서 필요한 기초 매너를 유치원에서 다 배운다'는 진실 같은 우스갯소리가 있듯, 중학교 교과서에 나오는 어휘만 충분히 이해해도 웬만한 기사들을 읽는 데는 어려움이 없다. 어휘가 부족하다면, 학습도구어라는 비교적 손쉬운 정답지가 있다는 사실을 기억하길 바란다(중학교 학습도구어 목록은 EBS 〈당신의 문해력〉 홈페이지에서 확인할 수 있다).

### 공감과 소통을 위한 도구

우리는 '말을 잘하는 사람'을 표현력이 뛰어난 사람으로 여긴다. 하지만 진정한 소통 능력은 단순히 말을 유창하게 하는 것이 아니라, 적절한 어휘를 선택하고 정확한 의미를 전달하는 능력에서 비롯된다. 어휘를 잘 알고 풍부한 어휘력을 갖춘 사람은 자신의 감정과 생각을 보다 세밀하고 명확하게 표현할 수 있으며, 상대방의 감정을 더 깊이 이해하고 공감할 수 있다. 예를 들어 '행복하다'와 '만족하다'는 비슷하지만 다르게 쓰인다. '행복하다'는 감정적으로 충만한 상태를, '만족하다'는 원하는 것이 충족된 상태를 의미한다. 이런 차이를 이해하고 사용할 수 있으면 상대방의 말에서 감정을 보다 정확하게 파악하고 공감할 수 있다.

취재 중에 만난 한 20대 여성은 〈이상한 변호사 우영우〉라는 드라마를 친구와 함께 보다가 자신의 어휘력에 큰 충격을 받았다고 했다. 주인공 우영우가 자기를 괴롭히는 동료에게 '권모술수'라고 대응하는 장면이 나오는데, 이때 같이 드라마를 보던 친구는 박장대소하며 웃었지만 자신은 전혀 반응을 할 수 없었던 것이다.

드라마 속 권민우는 주인공이자 자폐스펙트럼장애를 가지고 있는 우영우를 무시하고 인정하지 않는 인물로, 이야기 초반부에 우영우와 같은 사건을 맡게 되자 라이벌인 우영우에게 의도적으로 자료를 공유해주지 않는다. 이후 두 사람은 이를 놓고 언쟁을 벌이는데, 우영우의 평소 언행을 부정적으로 보며 '우당탕탕 우영우'라고 놀리던 권민우에게 화가 난 우영우는 "이 권모술수 권민우가!"라고 외친다. '권모술수'는 목적 달성을 위하여 수단과 방법을 가리지 않는 온갖 모략이나 술책을 말하는데, 권민우라는 캐릭터가 우영우를 괴롭히는 상황이나 모습을 '권'이라는 라임에 맞춰 사자성어로 정확하게 담아낸 표현이다. 이후 드라마에서 권민우는 '권모술수'라는 별명으로 불리는데, 이는 권민우라는 캐릭터의 특징을 설명하는 중요한 표현으로 자리 잡는다.

드라마의 내용을 이해하는 데 중요한 표현임에도 불구하고 그 단어를 몰랐던 그녀는 당시의 기분을 "낙오자가 된 것 같았다"고 표현했다. 드라마를 보는 도중이라 사전을 펼치거나 스마트폰으로 검색을 하기가 어려웠고, 검색을 하다 보면 이야기와 감정의 흐름이 끊어질까 봐 하지 못했다고 말했다. 그녀는 당시의 충격을 딛고 용기를 내어 성인을 위한 문해력 학원에 다니기 시작했다. 더 이상 "0개 국어를 하는 사람은 아니고 싶어서"였다.

어휘의 가장 중요한 특징은 나와 타인의 표현의 수준을 결정하고 공감하게 해준다는 점이다. '대박'이라는 한 단어로 뭉뚱그려 표현하고 접두어 '개-'를 붙여 이야기하기엔 우리의 감정과 생각은 훨씬 복잡하고 풍부하다. '화가 난다'만이 아니라 '짜증이 나다, 분개하다, 억울하다, 불쾌하다'도 있고, '기쁘다'만이 아니라 '뿌듯하다, 흐뭇하다, 벅차오르다, 황홀하다'도 있다. 소설가 김영하는 대학에서 강의를 하면서 학생들에게 한 학기 동안 '짜증 나'라는 말을 금지시킨 적이 있다고 했다. '짜증 나'라고 할 때의 감정이 서운한 것인지, 화가 나는 것인지, 귀찮은 것인지 본인의 감정을 세밀히 들여다보고 정확하게 그 감정을 다양한 표현으로 바꿔보는 노력을 하라는 것이었는데, 그렇게 노력하다 보면 점점 더 다양하게 표현할 수 있게 될 수 있다는 것이었다. 그리할 때 비로소 마음과 생각도 더 자유로워질 수 있기 때문이었다.

어휘는 사고하고 느끼고 소통하는 데 필수적인 도구다. 국립국어원에 따르면 표준국어대사전에 등재된 전체 올림말의 수는 42만 2890개다.[5] 물론 42만 개나 되는 단어들을 다 사용하는 것도 다 알아야 하는 것도 아니겠지만, 생각했던 것보다는 훨씬 큰 숫자다. 우리의 삶과 세계를 의미하고 설명하기 위해서는 그만큼 복잡하고 무수한 말들이 필요하다는 뜻이다. 결국 어휘의 뜻을 안다는 것은 본질을 이해하며 핵심에 다가서는 일이다. 어휘를 많이 알고 다양한 표현을 사용할 줄 알면 그만큼 사고의 깊이도 깊어진다. 그것이 어휘를 가르치고 배워야 하는 이유다.

한번 단어를 익혔다고 해서 그 단어가 우리 머릿속에 평생 남아 있는 것은 아니다. 여러 번 사용하고 다양한 문장에 적용해 활용하지 않으면 어휘는 금방 잊히기도 한다. 중고등학교 교과서를 다시 들여다보면 분명 들어본 것 같은데 무슨 뜻인지 생각이 나지 않는 말도 꽤 많다. 점점 나이가 들면서 단어가 그때그때 머릿속에 떠오르지 않고 맴도는 경험도 늘어난다. 어휘 학습은 학교 다닐 때 끝나는 과정이 아니고 평생 동안 지속적으로 확장하고 연습해야 하는 것이다. 더구나 기술과 사회가 빠르게 변화하면서 새로운 개념과 용어가 끊임없이 등장하기에, 새로운 어휘를 익히지 않으면 최신 정보를 습득하는 것은 점점 어려워진다. 여전히 많은 정보가 텍스트 형태로 제공되기 때문에 어휘력이 부족하면 중요한 정보를 받아들이고 해석하는 능력이 떨어질 수 있다.

어휘를 확장하면 할수록 새로운 정보를 더 빠르고 깊이 이해할 수 있게 된다. 개인의 발전과 적응뿐만 아니라 지속적으로 어휘력을 강화하고 새로운 표현을 익히려는 노력을 기울일 때 사회도 더 발전할 수 있다. 다양한 층위의 논의가 적확한 언어로 이루어질 수 있기 때문이다.

어려운 단어라고 피하지 말자. 잘 안 쓰는 단어를 쓴다고 해서 고루한 행동이라고 생각하지 말자. 어려운 단어도 나름의 용례와 기능이 있다. 그마저도 없는 것들은 앞서 말했듯이 곧 사라질 것이다. 단어가 사라지면 그 단어가 생겨난 이유와 세계도 함께 사라진다. 비슷한 상황에서 최대한 다른 어휘를 쓰려고 노력할 때, 굳이 어려운 단어도 한 번은 더 써보려고 신경을 쓸 때, 내 안의 어휘력이 보다 단단해진다. 이제까지 쌓아온 어휘력이 사라지기 전에 좀 더 읽고 찾아보고 확인해보고 써보는 일을 시작해보자. 생각보다 재밌다.

# 2부

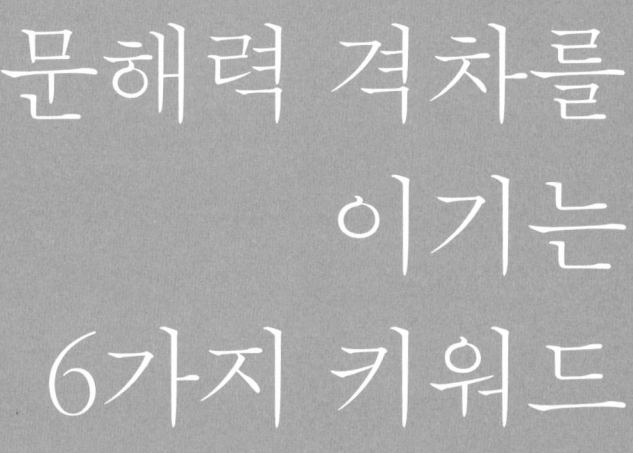

# 문해력 격차를 이기는 6가지 키워드

# 9 동기: '읽어야 한다'가 '읽고 싶다'로 바뀌는 순간

### "책 많이 읽어야 서울대 간대요"

책을 많이 읽는다는 초등학교 5학년생 선호를 만났다. 반가운 마음에 책을 왜 읽느냐고, 읽으면 어떤 점이 좋으냐고 물으니 이렇게 대답했다. "책 많이 읽어야 서울대 간대요." 중학교와 고등학교에 가서 좋은 성적을 받고, 원하는 대학에 가려면 초등학교 때 부지런히 책을 읽어두어야 한단다.

고려대학교 국어교육과 이순영 교수의 2018년 조사 결과에 따르면, 한국에서 독서 흥미가 처음으로 떨어지기 시작하는 시기는 초등학교 5학년이다.[1] 다음 해인 2019년에는 더 어려져, 초등학교 3·4학년부터 하락하는 것으로 나타났다.[2] 그나마 이것도 몇 년

그림 9-1 ▶ 학부모를 대상으로 '아이들에게 책을 읽어야 하는 이유'로 무엇을 이야기하는지 물었을 때, 가장 많이 나온 단어를 조합하면 '책을 읽어야 똑똑해지고 나중에 훌륭한 사람이 된다'는 문장이 만들어진다. 한국에서 독서는 '공부'다.

전의 결과이니 지금은 더 어린 나이부터 독서에 흥미를 잃고 있을 가능성이 매우 높다. 왜 우리는 이렇게 어린 나이부터 책 읽는 것에 흥미를 잃는 걸까?

〈책맹인류〉에서 춘천교육대학교 국어교육과 박성석 교수와 함께 초등학교 4~6학년 학부모 130여 명을 대상으로 '책을 읽어야 하는 이유'에 대해 조사했다. 우리는 '아이들에게 책을 읽어야 하는 이유로 무엇을 이야기하는가?'라는 질문을 던졌다. 응답 결과 '지식', '똑똑해지다', '잘하다', '훌륭한 사람', '키우다', '문해력', '미래', '나중'이란 단어들이 많이 나왔다. 단어만 들어도 자연스럽게 문장이 만들어진다. '책을 많이 읽어야 지식을 쌓고 똑똑해진다', '나중에 훌륭한 사람이 되려면 책을 읽어야 한다', '책을 많이 읽으면 공부에 도움이 된다'와 같은 문장들을 쉽게 떠올릴 수 있다. 실제 조사 결과도 이를 뒷받침했다. 이 시기 독서를 좋아하는 아이들은 책을 고르고 읽을 때 여가 목적과 학습 목적 둘 다를 추구하는 편인 데 반해, 부모들이 생각하는 독서는 지나칠 정도로 학습 목적의 독서로 치우쳐 있었다. 한국에서 독서란, 즉 공부였다.

## 쓸모 있는 독서에 대한 강박

성인을 대상으로 하는 문해력 강의에 갔을 때다. '읽기'에 대한 이야기를 하는데 한 남성이 손을 들고 질문했다. 좋은 책을 읽어야 하는데 요즘은 웹소설 같은 책만 읽게 된다며 《총, 균, 쇠》 같은 어려운 책에는 손이 잘 가지 않는다고 했다. 재밌는 책만 읽으려고 하면 안 될 것 같다면서, 어떻게 하면 어려운 책을 읽을 수 있냐고 물었다. 나는 되물었다.

"재밌는 책 읽으면 안 되나요? 어렵고 재미없는 책만 꼭 읽어야 할까요?"

2023년을 기준으로 한국의 성인 독서율은 43%로 역대 최저를 기록했다. 성인의 절반 이상이 1년에 책을 한 권도 읽지 않았다는 의미다. 책을 많이 읽는 사람이 1년에 결코 한 권만 읽지는 않았으리라는 걸 감안하면, 1년에 책을 한 권도 읽지 않은 성인이 절반보다 훨씬 더 많으리라는 것을 쉽게 짐작할 수 있다.

앞서 받았던 저 질문은 단순히 '어려운 책'을 말하지 않는다. 어려운 책이란 대개 인생에 도움이 되는 책을 의미하며, 웹소설 같은 책은 수준이 낮고 인생에 도움이 되지 않는 책이라는 세간의 인식이 깔려 있다. 독서에도 질이 있다면 그 기준은 무엇이 되어야 할까? 혹시 독자에도 등급이 있는 걸까? 독서 동기에 대해 연구하고 있는 박성석 교수는 책을 즐겨 읽는 사람을 '독서가'라고 한다면, 독서 동기가 가장 높고 독서에 대해 가장 좋은 태도를 가지고 있어 가장 권장할 만한 유형의 사람은 '유희적 독서가'라고 했다. 유희적 독서가란 자기가 즐거워서 책을 찾아 읽는 사람을 말하는데, 그들은 독서를 통해 어떤 목적을 이루려 하기보다는 독서 그 자체에서 즐거움을 느낀다.

유희적 독서가라고 하더라도 어떤 책에서 즐거움을 느끼느냐는 사람마다 다를 수 있다. 예를 들어 공부하는 게 즐거운 사람은 학습 목적의 책을 찾아 읽는 게 '즐거움'이고, 그런 유형의 책을 읽는 게 유희형 독서가 된다. 반대로 공부하는 것에는 별 흥미도 없고 재미도 느끼지 못하지만, 책을 읽는 그 자체가 즐겁고 기꺼운 사람도 있다. 이야기에 몰입되는 경험과 이야기 자체에서 재미를 느끼는 사람들은 흡인력 있는 스토리가 담긴 책을 읽는 것이 유희형 독서가 된다. 이 둘에 차이가 있을까?

학습 목적의 독서에서 즐거움을 느끼는 사람은 학교생활을 하는 데 도움을 받았을 것이다. 성적을 잘 받는 데에도 유용하기 때문이다. 반면 소설에서 즐거움을 느끼는 사람은 중고등학생 시기에 부모님이나 선생님에게 혼나는 일이 많았을 확률이 높다. '공부 안 하고 쓸데없는 책만 본다'고 말이다. 때문에 진정한 의미의 유희적 독서가보다는 목적성을 가지고 책을 많이 읽는 사람들이 좋은 평가를 받는 경우가 많다. 소위 공부에 도움이 되기 때문에 책을 읽는다는 모범생 유형 말이다.

그런데 입시와 취업이 끝나면? 성취를 위해 무언가를 읽었고 이제는 그 성취가 끝났다면, 책을 더 읽을 필요가 있을까? 정보가 쏟아지는 현대 사회에서 '효율'만 놓고 볼 때 책은 경쟁력이 높지 않다. 영상마저 2배속, 3배속으로 보고 AI가 논문 내용을 요약해주는 시대다. 성과와 보상에 대한 욕구가 강해질수록 독서는 경쟁력이 가장 낮은 행위가 될 수밖에 없다.

우리는 오래전부터 독서는 인생에 도움이 되고, 공부에 도움이 되는 것이므로 '해야 하는 것'이라고 말했다. 모범적인 취미 생활로 일컬어지며 정자세로 반듯하게 앉아 조용히 책을 보는 모습이 독서의 올바른 형태로 여겨졌다. 그러다 보니 독서라는 행위는 그 자체로서 의미 있고 즐겁고 가치 있는 행위가 아니라, 다른 목적을 이루기 위한 수단으로 존재했다. 딱딱하고 지루하며 이겨내야 하는 고행이 되어버린 것이다. 인고의 노력 끝에 입시나 취직 등 목적이 달성되는 순간, 더 이상 수단으로서의 독서는 필요 없는 행위가 된다. 학교도 졸업했고 직업도 가졌는데 굳이 책을 읽을 이유가 있을까? 어렵고 인생에 도움이 되는 책만을 읽기를 권하고 목표로 삼을 때, 책은 즐거움이 아닌 숙제가 되어버린다.

## 책 읽기를 '쿨하게' 만든 영국의 읽기 전략

영국은 전통적으로 리터러시 강국으로 꼽힌다. 이민자들이 많기에 언어 교육에 대해 오랫동안 국가가 정책적으로 지원했고, 독서 관련 프로그램도 운영해왔다. 그런 영국도 10대들, 특히 남자 어린이의 독서율이 빠르게 떨어지고 있어 고민이 많다. 남자 아이들이 '책 읽기를 쿨한(멋진) 일'로 여기지 않는다는 것이다.

영국 아이들이 좋아하는 것은 축구이다. 한 조사에 따르면, 영국 어린이와 10대의 약 50%가 장래에 축구선수를 희망한다고 할 정도로 축구와 축구선수는 아이들에게 '쿨함'의 대상이다. 특히 9~15세의 남학생들은 축구선수와 같은 활동적인 성인 남성을 롤모델로 삼는데, '책을 읽는 행위'는 활동적이지도 않고 성인 남성과 연결되는 대표적인 이미지가 아니다 보니, 그 또래의 소년들에게 뭔가를 읽는 것은 재미없고 멋지지도 않으며 따라 하고 싶지 않은 행위로 인식된다는 것이다.

영국 문해력 재단이 집중한 것은 이 포인트였다. 문해력 재단과 프리미어리그 구단은 협력을 시작했다. 아이들의 문해력을 키우기 위한 새로운 프로그램을 만드는 것, 바로 '프리미어리그 리딩 스타Premier League reading star'다. 프리미어리그 리딩 스타는 구단과 학교가 일대일 결연을 맺는 방식이 가장 많다. 학교에서는 축구를 좋아하는 학생들 중에 신청자를 받고, 구단에서는 문해력 재단의 지원을 받아 3개월 정도의 커리큘럼을 만든다. 구단 관계자나 선수가 직접 수업을 진행하며, 수업을 위해서 축구와 관련된 읽기 자료를 단계별로 준비한다. 축구에 관한 기사, 경기규칙에 대한 전문적인 글, 좋아하는 선수의 자서전이나 칼럼 등 아이들이 좋아하는 소재인 축구에 대한 읽기 자료를 총망라한다. 학교에 축구선수가 방문하거나 학생들이 구단에 가기도 하며, 스타 선수들이 직접 책을 읽어주거나 학생들과 번갈아가며 기사를 읽고 이야기하기도 한다.

그 과정에서 읽기 자료의 수준은 점점 올라간다. 처음에는 외국에서 온 선수들의 어려운 이름을 발음하는 것도 힘들어했던 아이들이 어린이를 위한 신문 기사뿐만 아니라 성인 수준의 전문적인 기사까지도 읽어내곤 한다. 꽤나 어려울 수 있는데도 아이들은 이 수업을 좋아한다. 자신이 좋아하는 것에 대한 내용이기 때문이다. 그 과정에서 축구를 좋아하고, 즐기고, 잘하기 위해서라도 '읽기'가 필요하고 문해력이 필수적임을 깨닫게 되는 것이다.

보통 3개월 정도 수업이 진행되는데, 그 과정에서 아이들은 '읽는 것이 자연스러워진' 자신을 만나게 된다. 참여한 학생들을 대상으로 진행한 설문조사에 따르면, 프로그램 참여 후 집에서 1주에 4회 이상 책을 읽는 학생의 비율은 16%에서 85%로 증가했고, 독서가 '아주 재밌다' 혹은 '꽤 재밌다'라고 응답한 학생은 38.4%에서 81%로 증가했다. "책을 읽어라"라고 말하는 대신 아이들이 흥미 있어 하는 것에 먼저 다가가고, 좋아하는 소재를 읽게끔 이

끎으로써 자연스럽게 아이들의 삶에 독서가 녹아들도록 한 결과다. 당연하게도 학생들의 읽기 능력 또한 크게 개선되었다. 참여하지 않은 학생들보다 약 3배 정도 읽기 능력이 향상되었고, 읽기 자신감, 자율성, 유능감 또한 상승하였다. 무엇보다 아이들에게 '독서하는 사람'에 대한 이미지가 좋아졌다. 동떨어져 보이는 축구와 책의 관계를 밀접하게 만들어주고, 책을 읽는 것이 축구를 더 잘하고, 더 즐길 수 있는 방법이 됨을 보여줌으로써 아이들이 독서 활동 자체를 '쿨하고 멋진 일'로 인식하게 한 것이다.

## 문해력을 높이는 독서법

한국 학생들을 10년간 종단연구한 결과에 따르면, 학생들이 독서 행위에 대해 가지는 좋은 감정은 문해력에 직접적으로 긍정적인 영향을 미친다.[3] 읽기 행위와 활동에 즐거움을 느끼는 아이들은 스스로 읽기 능력이 뛰어나다고 생각하고, 더 많은 책을 즐겨 읽기도 한다.[4] 아이들에게만 해당되는 이야기일까? 성인도 마찬가지다. 좋아하는 걸 하면 참 즐겁다. 어떤 사람은 누가 시키지 않아도 핸드폰 사용 설명서를 취미 삼아 정독한다. 꼭 책이 아니어도 어떤 정보가 적혀 있는 글을 읽고 있는 행위라면 그것 또한 충분히 '읽기'이고, 이는 인지 능력에도 도움이 될 수 있다. 꼭 인생에 도움이 되는 책들을 읽고 마음의 양식을 쌓아야만 하는 것이 아니다. 웹소설을 읽어도 스스로 찾아 읽고 즐거울 수 있다면 충분히 괜찮다.

일을 하거나 아이를 키우면서, 또는 생활하면서 학생 때만큼 책을 읽기란 쉬운 일이 아니다. 많이 읽을 수 있으면 좋겠지만 꼭 양이 중요한 것도 아니다. 충분히 글을 읽고 내용을 이해하는 것, 동시에 언제든 다시 읽을 마음을 가지는 것이 훨씬 더 중요하다. 미뤄둔 숙제를 행복해하며 다시 꺼내 드는 사람은 없다. 책을 읽게 하는 힘은, 인생에 한 번이라도 끝내주게 재밌는 책을 읽었던 경험과 그때 느꼈던 즐거움이 있어야만 가능한 일이다. 앞서 웹소설만 읽게 된다고 했던 사람이 기억나는가? 웹소설을 즐겨 읽는 그는 자발적으로 책을 찾고 책에서 즐거움을 느끼는 '유희적 독서가'다. 읽기에 대해 평생 연구한 세계적 인지심리학자 마크 세이덴버그 교수마저 "나를 둘러싼 세상이 바뀌었다. 읽기를 방해하는 숱한 사회적 요소가 발생했다"고 말했다. 그만큼 자발적으로 독서를 하는 것이 어려워진 현대에 유희적 독서가는 높은 학식과 고도의 전문성을 가지는 것보다 더 되기 어려운 것일 수 있다. 스스로 생각해봐도 책을 많이 읽고 있는 것 같다고? 그리고 그게 무척 즐겁다고? 그렇다면 스스로를 엄청나게 칭찬해주어도 좋다.

취재 중에 독서지도를 열심히 하는 교사들에게 우리 교육에서 '즐거움을 위한 읽기'가 논의된 적이 있느냐고 물어본 적이 있다. 꽤 많은 교사들이 고개를 갸웃하며 이에 대해 낯설다고 답했다. 그리고 한 교사는 이렇게 답했다.

"저도 독서가 즐거우면 좋겠다고 생각한 게 사실 얼마 되지 않았거든요. 그 전까지는 항상 '왜 독서는 안 즐거울까'라고 생각하기만 했죠. 제가 학생이었을 때 항상 독서는 수단이었던 것 같아요. 국어 시험에 등장하는 글이니 읽어야 하고, 시험을 위해 전체적으로 읽어야 하고…… 항상 그랬던 거 같아요. 교사가 된 이후에도 아마 아이들에게 독서를 도구나 수단처럼 대하는 말들을 했을 거예요. 누구나 자신의 경험에 기대어 말을 하잖아요. '왜 재미가 없을까'를 생각했지 '독서는 즐거워야 한다'는 생각을 인식한 건 정말 얼마 되지 않았어요."

아이들은 흥미 있는 내용이라면 성인 대상으로 쓰인 어려운 문서라도 읽기를 꺼리지 않는다. 관심을 가지고 시도해보는 것이다. 당연히 해야 하는 독서가 아니라, 재밌고 즐거워서 스스로 하는 독서가 되려면 이렇듯 목적을 바꾸는 것이 필요하다. 독서는 공부가 아니다. 독서는 즐거운 것이다. 진짜 좋은 독서가는 좋아하는 것을 즐겁게 읽는 사람이다. 무엇을 취하기 위한 독서가 아니라 나 자신이 즐겁고 기쁜 독서를 하자. 그래도 된다. 그 경험들이 쌓이면 문해력 또한 튼튼해진다.

# 10 보상: 무엇을 주는 게 가장 효과적일까

## '리딩 스타'를 찾습니다

한 초등학교 교실. "어떻게 하면 책을 읽겠냐?"는 선생님의 질문에 "엄카(엄마 신용카드)를 주면 읽겠다"는 아이들의 답이 돌아왔다. 이처럼 책을 좋아하지 않는 아이들에게 '어떻게 하면 책을 읽힐 수 있을까'는 많은 교사와 부모의 오랜 고민이다. 그래서 '다독왕'을 뽑아 상을 주고, 독후감 대회를 열기도 한다. 지금도 '100권 읽으면 놀이공원 가기', '책 10분 읽으면 스마트폰 10분 사용'처럼 독서 후에 보상을 주는 가정을 쉽게 볼 수 있다. 그런데 정말 보상은 아이들을 독서로 꾈 수 있는 방법일까?

여기에 대한 답을 찾기 위해 〈책맹인류〉에서는 초등학교 5학년 아이들과 3주간 실험을 하나 해보기로 했다. 바로 아이들이 말한 '보상'을 주는 것이었다. 3주간 책을 가장 많이 읽은 아이를 선발하고, 그 아이에게 선물을 주는 '리딩 스타Reading Star 선발대회'를 열기로 했다.

리딩 스타 선발대회를 연다고 하자 아이들이 열광했고, 너도나도 1등을 향해 전의를 불태웠다. 대회 첫째 날, 아이들은 등교하자마자 책을 읽기 시작했다. 누가 시키지 않았는데도 모두 책을 읽었다. 쉬는 시간에도 마찬가지였다. 놀이를 하는 아이는 없었다. 점심시간이 되자 부리나케 밥을 먹고는 모두 도서관으로 달려갔다. 모두들 품에 가득 책을 안고 와서 정신없이 읽었다. 다들 진지했고, 모두가 열심이었다. 이 실험이 어떻게 될지는 모르겠지만, 우선 아이들이 열심히 책을 읽는 모습을 보니 보기에 나쁘진 않았다. '어떻게 되든 학생들에게는 좋은 거 아닌가?' 제작진으로서 그런 생각도 했다.

## 보상과 경쟁이 불러온 결과

대회 둘째 날, 8시쯤부터 아이들이 등교하기 시작했다. 평소보다 10~15분 정도 빠른 시간이었다. 왜 이렇게 일찍 왔냐고 물으니 책을 읽기 위해서라고 했다. 어제는 다른 친구들보다 많이 읽지 못해서 얼른 읽어야 한다는 거였다. 이 대회로 인해 아이들의 등교 시간까지 당겨졌으니 좋은 건가 하는 생각도 잠시, 아이들이 책을 읽는 모습에서 이상한 점이 눈에 띄기 시작했다. 책 한 권을 너무 빨리 읽는 것이었다. 빨리 읽으면 좋지 않으냐고 할 수 있겠지만, 이건 빨라도 너무 빨랐다. 한 페이지를 읽는 데 1분도 채 걸리지 않는 것 같았다. 또 다른 문제는 아이들이 글밥이 적은 그림책들만 골라 읽기 시작했다는 것이다. 대회가 열리기 전에는 초등학교 5학년 수준의 글밥이 많은 동화책도 곧잘 읽던 아이들이었는데, 이제는 대부분의 아이들이 한 페이지에 2~3줄 남짓한 글만 있는 그림책들을 읽는 것이 아닌가.

생각해보면 당연한 것이었다. 아이들은 어리석지 않기 때문이다. 충분히 합리적으로 생각하고 논리적으로 판단할 수 있다. 많은 책을 읽으려면 읽는 데 걸리는 시간과 에너지가 적은 책을 선택해야 한다. 글자 수가 많은 책도, 글자 수가 적은 책도 권수로는 똑같이 한 권이다. 물론 글자 수가 적은 책이더라도 깊이 있는 이야기가 담긴 경우도 있다. 다만, 깊이 있게 읽어내야만 그 깊이를 파악할 수 있다. 2~3장의 짧은 양이라도 과연 다 읽었을까 의

심되는 정도로 빠른 속도라면, 이야기를 읽고 감상하기에는 충분하지 않다. 책을 많이 읽기를 바라지만 정확하게 표현하자면 의미 있게 읽은 책이 많기를 바라는 것이기에, 보상은 아이들에게 나쁘게 작용하고 있었다.

리딩 스타 선발대회의 둘째 주, 아이들이 읽은 책의 숫자만큼 스티커를 붙인 보드에 확연히 차이가 나기 시작했다. 1~3위는 이미 60권도 넘어 스티커를 붙일 공간마저 남아 있지 않은 반면, 스티커가 하나도 없는 아이도 있었다. 그러다 보니 포기하는 아이들이 하나 둘 생겼다. 아무리 열심히 읽어도 1~3위를 하는 친구를 이길 수 없을 것 같다고 판단한 것이다. 이미 경쟁에서 밀려난 아이들은 더 이상 책에 흥미를 느끼지 않았다. 읽더라도 대충 읽었고, 표정에서도 지루함이 느껴졌다. 아무리 독후감 대회를 열어도, 독서 골든벨을 해도, 어느 순간 '그들만의 리그'가 되는 것 같은 느낌이었다. 이미 이탈한 아이들에게는 그 어떤 보상도 의미가 없었다. 결코 가질 수 없는 것이기 때문이었다.

많은 사람들이 독서에 대해 보상을 하면 책을 더 많이 읽을 거라 생각하지만, 이는 사실과 다르다. 읽기 동기를 높이기 위해 외적 보상을 할 경우, 보상을 받기 위한 결과에만 전념하게 되어 글을 이해하지 않고 단순히 표면적으로 읽는 경향이 나타난다.[1] 독서록에 100권을 채우면 놀이공원에 가거나 선물을 준다고 약속할 때 부모가 기대하는 것은 100권을 읽는 동안 자연스럽게 아이에게 독서 습관이 생기는 것이지만, 실제로 아이들에게 그 시간 동안의 책 읽기는 원하는 선물을 받기 위한 고난일 뿐이다.

## 독서 명문 학교의 특별한 보상 시스템

영국에서 가장 독서 교육을 잘하는 학교로 꼽히는 세이즈 코트 초등학교Sayes Court Primary School는 런던 서북부 외곽에 있는 공립학교이다. 이 학교에도 '보상' 시스템이 있다. 하지만 우리가 알고 있는 것과는 조금 다르다.

이 학교에서는 매주 월요일 아침에 전교 조회를 한다. 전교생이 모두 강당에 모이는데, 각자 책을 한 권씩 가지고 온다. 자신이 읽고 있는 책이다. 조회가 시작되면 학생들은 모두 5분 동안 소리 내어 자신의 책을 읽고, 이후에는 옆 친구에게 10분 동안 그 책에 대해 소개한다. 교사들도 반 학생들과 같이 앉아서 서로 책 이야기를 한다. 아주 시끄럽다. 책 대화가 끝나면 교장 선생님이 간단한 훈화를 하고, 지난 한 주 동안 학교에서 있었던 일에 대해 이야기한다. 지난 일주일의 생활에서 칭찬할 만한 학생을 한 명 한 명 불러 특별한 금화를 선물로 준다. 우리나라에서 전교 조회 시간에 상이나 선물을 주는 것과 동일하다. 아이들은 금화를 받으면 무척 기뻐한다. 상을 받는 것이니 당연히 그럴 만하다. 조회가 끝나면 금화를 받은 아이들은 강당 한쪽으로 몰려간다. 거기에는 자판기가 있는데, 바로 '책 자판기'다. 학년별 추천 도서들이 자판기 안에 있으며, 아이들은 상으로 받은 금화로 자판기를 이용할 수 있다. 칭찬이 금화라는 실물로 주어지고, 금화가 책이라는 형태로 현실화되는 것이다. 책 자판기에서 책을 구입할 수 있다는 것은 이 학교에서 주는 최상의 선물이자, 학교생활에서 얻는 가장 큰 보상이다. 책 자체가 바로 보상이 된다.

기껏 선물로 받는 것이 책이라니, 학생들이 실망하지는 않을까? 지켜보니 1학년부터 6학년까지, 저학년이든 고학년이든 학생들은 모두 크게 기뻐했다. 당연하지 않은가. 이 학교에서 최상급 칭찬은 바로 책 선물이기 때문이다.

보상할 때는 이 점을 반드시 유의해야 한다. 스마트폰이나 게임을 많이 하는 아이들에게 흔히 쓰는 방법이 '숙제 하면 스마트폰 또는 게임 30분 이용'과 같은 방식인데, 이는 스마트폰이나 게임을 하는 것이 보상이 된다. 보상은 좋은 것이므로 아이들은 스마트폰이나 게임을 더욱 즐겁고 귀한 것으로 인식하게 되고, 그에 반해 숙제에 대한 아이들의 감정은 더욱 나빠진다. '책 100권 읽으면 놀이공원 가기'와 같은 보상 또한 마찬가지다. 이러한 형태가 지속되면 책 읽기는 더욱 재미없어지고 마치 벌을 받는 것과 같은 이미지로 각인된다. 이런 구조에서 보상은 전혀 도움이 되지 않는다.

## 지루한 독서를 견디게 해준 한마디

부모가 아이들에게 '보상'이라는 방법을 사용하는 이유는 "그나마 그렇게라도 해야 읽는 시늉이라도 하기" 때문이라고 말한다. 책 읽기를 싫어하는 아이를 꼬드기는 최소한의 장치라고 말이다. 그렇다면 보상 외에 독서 동기를 끌어올리는 다른 방법에는 무엇이 있을까?

인간의 흥미를 좌우하는 가장 중요한 요소는 '자율성'이다. 자율성은 인간의 본능과 가깝다. 아주 어린 아이들도 여러 가지 장난감 중 자신이 좋아해서 선택한 장난감을 가지고 놀 때와 부모가 정해준 장난감을 가지고 놀 때의 반응은 완전히 다르다. 착하고 순한 아이라 하더라도 자신이 원하는 것이 아닌 타인이 정한 것은 거부하거나 금방 싫증을 느껴버린다. 좋아하는 것을 스스로 선택해서 할 때 사람은 누구나 즐겁게 할 수 있다.

하지만 하고 싶은 대로만 하며 살 수는 없다. 특히 학습 상황에서는 모든 것에 선택권을 주기란 현실적으로 어렵다. 중고등학생이 되면 하기 싫은 과제나 과목이 있어도 해야 하고, 읽기 싫은 책이라도 읽어야 할 때가 있다. 보상도, 자율성도 제공할 수 없을 때는 어떻게 해야 할까?

〈책맹인류〉에서 이런 실험을 해봤다. 초등학교 고학년 아이들을 대상으로 어렵고 지루한 책 한 권을 정해서 읽고 필사를 해달라고 했다. A 그룹에게는 특별한 설명 없이 과제만 알려주었고, B 그룹에게는 이 과제가 "어렵고 힘들 수 있지만, 자신에게 도움이 되는 의미 있는 일"이라는 점을 알려주었다. 실험 시간 15분 동안 A 그룹의 아이들 중 일부가 지루해하고 힘들어하는 모습을 보이기는 했지만 두 그룹의 아이들 모두 대체로 열심히 책을 읽으려고 노력했다. 실험이 끝난 후, 두 그룹이 읽고 필사한 양은 비슷했다. 그러나 내용에 대한 이해나 기억하는 정도는 확연히 달랐다. B 그룹의 아이들이 훨씬 더 많이 글의 내용을 이해하고 기억하고 있었다.

40년 이상 인간의 동기에 대해 연구해온 에드워드 L. 데시Edward L. Deci 교수는 '자기 결정성 이론'을 통해 인간이 어떤 행동을 하는 데에는 유능감, 자율성, 관계성이 중요하다고 설명했다. 아이들에게 사회의 가치와 규범이기에 꼭 지켜야 하는, 마치 '강제되는 행동'처럼 보이는 규칙을 익히게 할 때에도 자율성을 북돋아줄 수 있어야 한다는 것이다. 때문에 설득과 공감이 필요하며, 설득할 때에도 강제성이 느껴지지 않도록 친절한 말투로 공감의 화법을 가지고 하는 것이 효과적이다.[2]

이 실험에서는 '재미없는 독서'를 하는 B 그룹의 아이들에게는 '과제의 가치나 중요성에 대해 설득하기'와 '감정에 대한 공감'이라는 두 요소가 있었다. 그로 인해 아이들은 과제에 좀 더 집중할 수 있었고 방해 요소의 영향도 덜 받았다. 지루한 글이지만 최선을 다해 읽고 내용을 좀 더 이해할 수 있었던 것이다. 어쩔 수 없이 해야 하는 과제를 부여할 때는 그 과제를 '왜 해야 하는지'에 대한 근거를 제시하는 것이 내적 동기를 높이는 방법이다. 다만 간과하지 말아야 하는 것이 있다. 대개의 경우 이럴 때 '공부에 도움이 된다'는 식으로 말하는데, 그렇게 되면 독서가 다시금 공부가 되는 무한 굴레에 빠질 수 있으니 주의할 필요가 있다.

## 진정한 리딩 스타의 탄생

앞서 이야기한 초등학교 5학년 교실의 '리딩 스타 선발대회' 현장으로 다시 돌아가보자. 책을 빠르게 대충 읽거나 독서를 포기하는 아이들의 모습을 본 나는 덜컥 겁이 났다. '아이들이 이 이벤트 때문에 오히려 책에 대해 흥미를 더 잃고, 앞으로 책을 읽지 않으면 어떻게 하지?' 방송보다 중요한 것은 아이들이기에 촬영을 중단해야 하나 진지하게 고민했다. 그러던 중, 새로운 상황이 발생했다.

한 아이가 분량이 긴 동화책을 읽기 시작한 것이었다. 첫째 주에는 보지 못했던 광경이었다. 그 아이도 첫째 주에는 분명 글자 수가 적은 그림책을 읽었다. 나는 그 아이에게 왜 글이 많은 책을 읽느냐고 물었다.

"독서 시간이 너무 지루해요. 그냥 제가 좋아하는, 재밌는 책 읽을래요."

보상은 달콤하지만, 그보다 더 매력적인 것은 즐거움이다. 그 아이에게는 2주 동안의 독서 시간이 전혀 즐겁지 않았던 것이다. 보상도 좋지만 지루함을 견딜 만큼은 아니었던 거다. 이어서 다른 아이들 또한 평소에 읽던 긴 분량의 동화를 읽기 시작했다. 순위권에 들어서 보상을 포기할 수 없는, 그리하여 짧은 길이의 책을 계속 읽어야만 하는 아이들이 오히려 괴로워하기 시작했다.

대회 마지막 날, 우리는 반 전체 아이들과 함께 토의 시간을 가졌다. 아이들은 "원하는 책을, 원하는 때에, 편하게 읽고 싶다"고 말했다. 보상이 있으면 좋을 줄 알았는데, 재미없는 걸 경쟁에서 이기기 위해서만 하는 것은 곤혹스러운 일임을 알아챈 것이다. 아이들에게 변화가 일어난 이유는 무엇일까? 3주 동안 담임교사는 아이들과 자주 이 이벤트에 대해 이야기를 나누었다. 분명한 점은 리딩 스타 선발대회를 하는 동안 아이들의 학교생활에서 '책'은 그 무엇보다도 중심에 놓여 있었다는 것이다. 매일 관심을 가지게 되었고, 그러는 동안 책에 대한 본인의 감정을 알게 되기도 했다. 본인이 읽든 친구들이 읽는 모습을 보든 책이 중심이 되는 모습을 보고 많은 양을 접하게 되면서, 내가 좋아하는 책은 어떤 것인지 알게 됐다. 책에 대해 관심을 가지고 읽기를 하는 의미를 돌아보며 서로 이야기를 나눔으로써, 아이들은 스스로 이 과제의 의미를 깨달았다. 역시 동기를 이끌어내는 것은 보상보다는 자율성이었다.

# 11 레벨: 난이도가 아닌 자존감을 올려라

## 상처 입은 자존심이 독해 실패를 부른다

초기 문해력을 연구하고 읽기 부진 아동을 위한 한국판 리딩 리커버리 수업인 '읽기 따라잡기' 수업을 만든 청주교육대학교 국어교육과 엄훈 교수는 읽기 부진 아동을 직접 가르친 경험이 있다. 특히 중학교 국어 교사 시절에 훈이를 만난 것은 그가 초기 문해력 연구에 온 힘을 다하게 만든 결정적 계기가 되었다. 당시 훈이는 중학교 1학년이었지만 읽기 수준은 초등학교 2~3학년 수준밖에 되지 않았다. 나이가 들어 덩치도 훌쩍 커버린 남자 중학생이 부족한 문해력을 기르는 것은 그 자체로도 힘든 일이지만, 더 큰 문제는 아이가 그간 학교생활에서 받은 상처였다. 읽기에 대해 부정적인 아이는 재미도 없고 지겹기만 하기 때문에 책을 읽지 않는다. 그러다가 수업 시간같이 꼭 읽어야 할 상황이 되면 잘못된 습관이나 읽기 전략(어려운 수준의 책 선택, 서두의 한두 페이지를 축자적으로 읽기, 휘리릭 넘겨버리기, 덮어버리기 등)을 보인다. 그 결과는 독해의 실패다. 독해에 실패할수록 아이는 자아존중감에 상처를 입게 되고 읽기에 더욱 자신감을 잃어 읽기를 회피하게 된다.[1] 때문에 제대로 읽을 수 있다는 것은 읽기 능력의 발달을 의미하는 동시에 무너진 자존감을 회복하는 일이기도 하다.

엄훈 교수는 '읽기 따라잡기' 수업을 만들어 교사 연수를 진행했는데, 읽기 부진 학생에게 읽힐 만한 그림책을 선정하는 것이 너무 어려웠다고 한다. 단어가 쉬우면 문장이 복잡하거나, 문장이 쉬우면 페이지 수가 많아 아이들이 읽기 부담스러웠던 것이다. 엄훈 교수는 문장 구조, 어휘 수준, 텍스트 길이 등을 고려해 '수준 평정 그림책'을 개발했다. 아이들의 읽기 능력 발달 과정과 양상을 반영해 그림책의 읽기 수준을 평정(평가하여 정함)하는 기준을 마련하고, 그 기준에 따라 단계별로 내용을 구성했다.

이 책의 또 다른 특징이 있다면 레벨 0부터 레벨 14까지 그림책의 수준에 따라 기준이 적혀 있다는 것이다. 우리가 흔히 보는 '몇 학년 기준'이나 '몇 살 기준'이 아니라, 자기의 '읽기 수준'에 따라 책을 읽을 수 있게 했다. 이는 특히 읽기 저성취자에게 큰 도움이 된다. 제 수준의 책을 읽어야 다음 단계로의 발전이 가능한데, 흔히 학년이나 나이가 같으면 동일한 수준의 책을 읽을 수 있다고 착각하기 쉽다. 수준 평정 그림책처럼 읽기 수준을 제시하는 방식은 잘못된 기준으로 인해 적절하지 않은 책을 선택하는 것을 막을 수 있다. 또한 학년이나 나이가 적혀 있지 않아서, 제 학년이 읽어야 할 수준보다 낮은 단계를 읽는다는 사실에서 오는 심리적 위축을 막을 수 있다. 학년과 레벨은 느낌이 다르다.

한국에서는 이런 기준이 낯설지만, 영어권에서는 초등학교 단계에서 레벨별로 구분되어 있는 책을 찾는 것이 어렵지 않다. 미국, 영국, 호주, 뉴질랜드 등의 학교와 도서관에서는 다양한 읽기 지수를 활용하고 있다(미국의 렉사일Lexile 지수, 영국의 북밴드Book Bands, 호주의 PM 리딩 레벨PM Reading Levels, 뉴질랜드의 레디 투 리드Ready to Read 등).

### 권장 도서의 배신

세상에는 참 많은 종류의 책이 있다. 너무 많아서 어떤 책이 재밌고 자신에게 적절한 수준인지 찾는 것 또한 쉬운 일이 아니다.

그림 11-1 ▶ 영국의 '북밴드(Book Bands)' 표시. 줄의 개수로 읽기 난이도를 표시한다.

때문에 학교나 도서관 등에서는 '학년별 권장 도서'를 선정해 추천하곤 한다. 그렇다면 이 권장 도서는 학년별로 적절한 수준으로 추천되고 있을까?

춘천교육대학교 국어교육과 박성석 교수와 함께 초중고 권장 도서를 분석해보았다. 학교·도서관·사설학원 등 다양한 기관에서 추천한 학년별(초등학교 1~2학년, 초등학교 3~4학년, 초등학교 5~6학년, 중학교 1~3학년, 고등학교 1~3학년) 권장 도서 중 정보 텍스트 분야에 해당하는 도서 각 5권을 추천 수가 많은 순으로 추출한 후, 각 책들의 이독성 지수Readability Index[2](LQ 지수[3])를 산출했다. 연구 결과, 학년이 올라감에 따라 LQ 지수 또한 올라갔다. 학년이 올라가면 읽기 능력도 성장한다고 볼 수 있기에 당연한 결과일 수 있지만, 문제는 초등학교 3~4학년과 5~6학년 권장 도서 중에는 적정 범위를 벗어난 경우가 많았다는 것이다. 일부 책들은 LQ 지수가 지나치게 높게 나타나는 경향을 보여, 아이들에게 필요한 수준보다 훨씬 더 어려운 책들이 추천되고 있음을 확인할 수 있었다.

고등학교 권장 도서는 개별 고등학교·사설학원·시민단체의 추천 도서 중 각 30권(정보 텍스트 15권, 문학 텍스트 15권)을 무작위 추출한 후, 3명의 독서교육전문가에게 추천 기관을 알려주지 않은 가운데 각 도서를 여가 목적과 학습 목적 적합성을 기준으로 분류해 보았다. 연구 결과, 고등학교 권장 도서는 여가 목적보다 학습 목적에 적합한 도서를 더 우선하여 추천하고 있음을 발견할 수 있었다. 일부 고등학교는 '서울대 추천 도서'와 동일한 목록을 제시하는 경우도 있었다.

고등학생에게 권장되는 도서가 서울대 권장 도서 목록과 같은

---

• 문장의 난이도를 나타내는 지수로, 텍스트를 읽고 이해하기 쉬운 정도를 말한다. 이를 통해 문자 텍스트에 대한 '이해' 정도를 중심으로 텍스트의 수준을 파악할 수 있다.

것은 문제가 없는 것일까? 이에 대해 박성석 교수는 "고등학생의 읽기 수준은 편차가 아주 크다고 할 수 있다. 고등학생 중 읽기 능력이 뛰어난 학생은 서울대생이 읽는, 즉 고등교육을 이수할 수 있는 수준이라고 볼 수도 있기 때문에 권장 도서의 난이도 자체가 문제라고 하기 어렵다"고 했다. 문제는 모든 고등학생들이 서울대에 갈 수 있는 수준이 아니라는 현실과, 권장 도서들이 지나치게 학습 목적의 책으로 구성되어 있다는 데 있다. 대부분의 학생들이 자신이 원하는 수준과 진로, 흥미에 적합한 책을 추천 받지 못하고 있는 것이다. 권장 도서가 대체로 재미없는 이유는 바로 여기에 있다.

### 내게 맞는 책을 찾으려면

**1. 내 수준에 맞는 책을 읽는다**

책을 읽는 행위는 고문을 당하는 것이 아니다. 저자가 전달하고자 하는 이야기와 메시지를 이해함으로써 재미와 감동, 깨달음을 자연스럽게 느낄 수 있어야 한다. 자기 수준에 맞지 않는 책은 읽는 시간을 고통으로 만들 뿐이다. 나이와 학년에 대한 부담을

버리고 쉽게 읽을 수 있는 글자 수와 내용의 책부터 시작하자. 자기 수준에 맞아야 이해할 수 있고, 이해할 수 있어야 다음 단계로 나아갈 수 있다. 어휘력과 배경지식은 지금 읽는 것에서부터 차곡차곡 쌓인다. 나의 읽기 수준을 확인하기 위해서는 다음과 같은 방법을 참고할 수 있다.

- **초~중학생**: EBS 〈당신의 문해력〉 홈페이지의 초중학생용 문해력 테스트, 이독성 지수인 ERI를 통해 읽기 수준을 확인할 수 있다.
- **고등학생~성인**: 국가문해교육센터 홈페이지의 '기초 문해능력 자가진단' 서비스를 활용할 수 있다.
- 일반적으로 책을 읽을 때 한 페이지에 모르는 단어가 3~5개 이하일 때,[4] 배경지식 없이 읽어도 70% 이상 이해가 될 때[5]를 기준으로 한다.

## 2. 책이 잘 읽히지 않을 때는 그림책도 좋다

책 자체가 부담스럽다는 성인들도 있다. 하지만 성인이라고 해서 꼭 두꺼운 책만 읽으라는 법은 없다. 유아와 아동을 대상으로 한 그림책도 좋다.

초등학교 도서관에서 촬영할 때 잠시 짬이 나서 도서관에 비치

된 《슈퍼 거북》이라는 그림책을 읽은 적이 있다. 머리가 복잡해서 두꺼운 책은 영 엄두가 나지 않던 때였는데, 그림책이라 페이지 수도 적고 글자 수도 많지 않아서 다 읽는 데 10분 남짓 걸렸다. 예쁜 그림도 있어서 기분 좋게 후루룩 읽은 후 책을 덮었는데, 몇 년이 지난 지금까지도 줄거리가 생생하게 기억난다. 당시 업무에 치여 피곤에 전 나에게 그 책이 준 위로도 함께 말이다.

### 3. 전문가를 활용하자

많은 부모들이 유아 자녀를 위한 책들을 추천해달라고 한다. 유아를 대상으로 하는 좋은 책은 참 많은데, 〈당신의 문해력〉이나 〈문해력 유치원〉에서도 좋은 책들을 소개한 바 있으니 이를 참고할 만하다. 초중고생은 도서관(학교도서관 포함)과 시민단체 등에서 추천하는 권장 도서를 참고하면 좋다. 학교나 학원보다 훨씬 더 다양한 난이도와 소재의 책들을 추천하기 때문이다.

성인은 각자 처한 환경이나 사회적 관심사가 무척 다양해서 다른 사람에게 책을 추천하기도 쉽지 않고, 자신이 흥미를 느끼는 책을 찾기도 어려울 수 있다. 우선 시작은 자신이 좋아하거나 관심 있는 소재와 분야에 대한 책을 읽어보는 것이다. 대형 서점에 가는 것도 좋은 시작점이 된다. 꼭 사지 않더라도 다양한 책들을 살펴보면서 자신이 관심 있는 책이 문학서인지 사회과학서인지, 아니면 자연과학서나 실용서인지 파악해볼 수 있다. 도서관 중에는 '독서 처방전' 같은 추천 서비스를 제공하는 곳도 있다. 현재의 고민이나 스트레스를 적어서 제출하면, 읽으면 좋을 법한 책들을 사서가 추천해주기도 한다.

## 12 상호작용: 문해력은 홀로 만들어지지 않는다

### '아빠'만 말하는 22개월 아이

소진이는 태어난 지 22개월째인 여자아이다. 방싯방싯 잘 웃고 혼자서도 잘 노는 순한 아이인데, 22개월임에도 불구하고 '아빠'라는 말밖에 하지 못한다. 아이들의 발달 수준이 제각각이긴 하나 일반적으로는 18개월 즈음이면 약 200개의 단어를 이해하고 10~50개의 단어를 표현할 수 있는 데 반해, 소진이가 말할 수 있는 단어는 모두 합쳐도 5개 정도에 불과했다. 5개라곤 하지만 가장 많이 하는 말이자 말을 해야 하는 대부분의 상황에서 내뱉는 표현이 '아빠'인데, 아빠에게만 아빠라고 하는 것이 아니라 길을 가다 꽃을 봐도 아빠, 그네를 타고 싶다고 할 때도 아빠라고 한다. 동네에 지나가는 아저씨를 가리킬 때도 당연히 아빠다. 소진이는 왜 이렇게 말이 느린 걸까? '엄마'도 아니고 아빠만 말하는 이유라도 있는 걸까? 소진이의 집에 찾아가 관찰해봤다.

표현 어휘(말로 표현할 수 있는 단어)는 몇 개 되지 않지만, 소진이가 알아들을 수 있는 단어는 훨씬 더 많았다. 엄마가 "안경을 가지고 오라"고 하자 안경을 가지고 왔다. 인형 놀이를 하자고 하면 원하는 인형을 가지고 오기도 했다. 말을 거의 하지 않아서 놀이를 하는 중인데도 집 안은 아주 조용했다. 도움이 필요한 상황이더라도 엄마에게 도움을 요청하기보다는 스스로 해결하고자 했다. 엄마가 잠시 방을 나가려고 하자, 소진이는 큰 소리로 "아빠" 하며 울었다. 엄마와 같이 있었고, 엄마를 정확히 인지하고 있는데도 말하는 것은 '아빠'였다. 말이 느린 것도 맞지만, 아는 단어에 비해 표현을 하지 않기도 했다. 전문가는 소진이가 혼자만의 세계에 갇혀 있는 아이 같다고 진단했다.

소진이는 코로나19가 한창 유행하던 시기에 태어났고, 갓난아이였을 때부터 미디어를 많이 보며 자랐다. 일곱 살 터울의 언니가 학교에 가지 못하고 집에서 온라인 수업을 받는 동안, 소진이는 거의 하루 종일 TV와 미디어를 봤다. 22개월인 현재, 소진이에게 평소대로 태블릿을 보게 해봤다. 소진이는 알아서 척척 태블릿을 다뤘고, 본인이 원하는 애니메이션을 찾아서 보았다. 유튜브를 보는 30분 동안 소진이는 미동도 하지 않았으며, 어떤 소리도 내지 않았다. 조용하고 순한 아이는 그렇게 자라나고 있었다.

## 유아기 문해력이 자라는 비밀

코로나19 팬데믹 기간에 태어난 아이들을 '코로나 키즈'라고 부른다. 팬데믹으로 인한 봉쇄로 아이들은 학교와 어린이집에 가지 못했고, 전 세계적으로 TV와 미디어 이용 시간이 늘었다. 이로 인한 문제는 여러 가지가 있지만, 이런 상황은 문해력에도 영향을 끼쳤다. 하루 종일 쉬지 않고 말을 하고 노래를 부르는 동영상을 보는 것이 아이들의 어휘력에도 도움이 되지 않을까 생각하는 사람이 있다면, 지금부터 하는 이야기에 더 주목하길 바란다.

취재 중 찾아간 또 다른 집에서였다. 15개월가량의 아이가 있었는데, 그 집에는 책이 한 권도 없었다. 그림책은 물론 장난감책이나 놀이책 같은 것도 전혀 없었다. 아이 엄마에게 "책이 하나도 없는데 책은 안 읽어주느냐?"고 물었더니 "TV에 아이가 볼 수 있는 책이 많이 있다"고 답했다. 종이책은 사려면 돈도 들고 집에 두면 나중에 짐이 될 것 같아서 IPTV를 보면서 업체에서 제공하는 동화책 콘텐츠 등을 이용한다는 것이었다. 이처럼 어휘력과 말하기는 결국 '입력input'의 문제라 생각하며 TV, 노래, 각종 패드, 학습용 펜 등 매체에 상관없이 많이 투입하는 데 애쓰는 부모가 있다. 하지만 유아들은 어깨너머로 듣는 말이나 TV의 말소리 같은 입력으로부터는 특별한 효과를 얻지 못한다. 유아 자신에게 의미 있는 소통이나, 대화를 위한 말소리가 아니라면 그저 스쳐 지나가는 소음이나 다를 바 없다.

미국에서 생후 9개월 된 아기들에게 12회에 걸쳐 중국어를 들려준 다음 중국어 음소를 구별할 수 있는지 테스트해보았다.[1] 전체 횟수, 내용, 노출 시간을 동일하게 하고 직접 만나서 상호작용하기, TV로 보여주기, 오디오로 들려주기의 3가지 방식으로 진행한 결과, TV나 오디오 조건의 아기들은 학습효과가 전혀 나타나지 않았고 직접 상호작용을 한 아기들만 학습을 한 것으로 나타났다. 유아가 새로운 언어를 배우기 위해서는 단순한 청각 입력이 아니라 반드시 사회적 상호작용이 필요하다는 점을 실험으로 입증한 것이다. 또한 실험에서 직접 상호작용을 한 그룹의 아기들은 세션 전에 기대감을 가지고 문을 바라보는 듯한 반응을 보이며 더 높은 관심과 학습 동기를 나타냈다. 또 다른 실험에서는 스페인어를 배우는 19개월 유아 29명에게 디지털 녹음 장치를 부착하여 아이에게 직접 말한 단어 수와 어깨너머로 들은 단어 수를 분석하여 어휘력과 언어 처리 속도를 비교 측정해보았다.[2] 부모가 직접 말을 많이 건넨 아이들은 24개월이 되었을 때 더 많은 단어를 알고 있었고, 19개월일 때와 24개월일 때 모두 단어를 빠르게 처리했을 뿐 아니라 언어 처리 속도가 더 크게 향상되었다. 아이와 직접 대화하는 것이 유아의 언어 발달에 가장 중요한 요인이고, 단순한 언어 노출(어깨너머로 듣기, TV 시청 등)은 큰 효과가 없으며, 결국 부모가 아이와 대화하는 양과 질을 늘리면 언어 처리 능력이 향상되고 더 빠른 어휘 성장이 가능함을 이 연구에서도 확인했다.

### 문해력 발달의 핵심 코드

언어능력을 키우는 데 상호작용이 핵심이라면, 더욱 빠르게 어휘력을 키우는 비법이 있을까? 〈당신의 문해력〉을 제작하면서 생후 13개월 아이들을 대상으로 실험을 해보았다. 아이들에게 명사나 동사로 된 단어들을 들려주며 동시에 2개의 그림을 제시했을 때, 들려준 단어에 맞는 그림을 제대로 응시하는지를 확인하는 실험이었다. 시선을 보낸다는 것은 소리와 단어의 이미지(의미)를 연결할 수 있다고 본 것이다. 동일한 개월 수의 아이들이었지만 그 결과는 차이가 컸다. 어떤 아이들은 60%가 넘는 정확도를 보인 반면, 어떤 아이들은 40%가 안 되는 경우도 있었다(13개월이라는 연령대를 감안하면 정확도 60%는 높은 수치다).

차이가 나타나는 원인을 파악하기 위해 실험에 참가한 31명의 유아와 그 가족을 대상으로 평소 책 읽어주기 습관에 대해 설문조사를 하고, 하루 동안 아이들의 옷에 작은 녹음기를 부착해 아이들이 가정환경에서 들은 말소리를 전부 녹음해 이를 분석해보기로 했다. 그리고 아이들이 현재 이해하는 어휘(수용 어휘)의 양에 대한 검사도 함께 진행했다. 그 결과, 생후 7개월에 부모가 책을 더 자주 읽어준 유아가 13개월이 되었을 때 더 정확하게 단어를 인지한다는(쳐다본다는) 것을 발견했다.[3] 실험을 설계한 아동 언어 습득 전문가인 조선대학교 고언숙 교수는 "함께 책을 보며 읽어주는 활동은 밥을 먹는 등의 일상적인 활동에 비해 더 다양하고 풍부한 단어를 사용하는 비율이 높다. 따라서 책 읽어주기는 양질의 아동지향어 child-directed speech*를 전달하는 데 좋은 매개체 역할을 하며, 이는 결국 유아들의 어휘력 형성에 좋은 영향을 준다"

고 그 이유를 분석했다.

흔히 문해력을 '글을 읽고 이해하는 능력'이라고 쉽게 설명하지만, 이건 아주 좁은 의미에 불과하다. 브라질 출신의 세계적인 교육학자 파울로 프레이리Paulo Freire는 "문해력은 글자 읽기에서 출발하여 세상 읽기로 발전하는 것"이라고 하였다. 글자를 읽고 이해하는 단순한 기능이 아니라 세계를 해석할 수 있는 능력이 된다는 것이다. 이는 나와 타인에 대한 관심이라고도 볼 수 있다. 좁은 의미에서 문해력이 나의 의사를 표현하고 상대와 의사소통을 하는 과정이라는 점에서도 문해력에는 '타인과 소통하고자 하는 의지'가 필수적이다.

소진이는 이 부분에서 문제가 있었다. 흔히 30개월가량인 아기의 사회성을 생각할 때 친구와 노는 것을 생각하기 쉽지만, 이 시기 아이들의 기본 사회성은 다른 사람의 입장을 이해하는 능력이 더 본질적이다. 내가 아닌 타인의 입장을 얼마나 이해하고 맞출 수 있느냐가 중요한 것이다. 연세대학교 소아정신과 신의진 교수는 "언어가 발달하기 위해서는 우선 의사소통의 의도가 있어야

---

• 영유아에게 이야기할 때 나타나는 특별한 방식의 말하기. 일반적인 말하기보다 천천히, 억양을 과장해서, 높은 톤으로, 중간중간 끊는 부분을 길게 해서 말하는 것.

한다"고 말한다. '누군가와 소통하고 싶다'는 마음이 있어야 언어로 표현도 한다는 것이다. 그런 의도가 없이 다른 사람과 눈도 마주치지 않고 혼자 노는 아이가 언어를 배운다는 것은 만무한 일이다. 사회적 소통이 되지 않고 공감과 정서의 기능이 또래 아이들보다 발달하지 못한 소진이가 언어 발달이 늦었던 것은 너무나 당연한 결과였다.

일방적으로 소리를 들려주는 것은 유아의 문해력 성장에 도움이 되지 않는다. 부모 등 양육자와의 친밀한 상호작용이 문해력 발달의 핵심이다. 다양한 어휘를 배우고 그 어휘를 활용해 타인과 대화하는 등의 언어활동을 가능하게 해주는 가장 좋은 행위는 바로 책 읽기와 그를 바탕으로 한 상호작용이다. 아이에게 소리 내어 책을 읽어주고, 책 내용을 바탕으로 한 대화나 놀이 활동, 말놀이 등을 할 때 문해력의 뿌리가 튼튼해진다. 문해력은 결국 타인과 공감하고 교류하기 위해 필요한 것임을 이해하자.

# 13 디지털 문해력: 정보과잉 시대의 강력한 무기

## 한국인이 가장 취약한 읽기 영역

다음 두 문장의 차이는 뭘까?

나이아가라는 세계에서 가장 멋진 폭포이다.
나이아가라는 세계에서 가장 큰 폭포이다.

첫 번째 문장은 '의견'이다. 멋지다는 건 말한 사람의 감상이라서 사실인지 아닌지 다툴 수 없다. 말한 이의 눈에 나이아가라 폭포가 세상에서 가장 멋져 보인다면, 그건 그의 취향이자 감상인 것이다. 두 번째 문장은 '사실'이다. 다만 '거짓된 사실'이다. 나이아가라 폭포가 세계에서 가장 큰지 아닌지는 객관적인 기록으로 확인할 수 있다. 주관적 평가가 아니라 객관적으로 입증할 수 있는 사실이기 때문에, 나이아가라가 실제로 세상에서 가장 큰 폭포가 아니라는 것은 금방 확인할 수 있다. 때문에 두 번째 문장은 의견과 사실 중 사실에 해당하는 문장이지만, 문장 자체의 사실 여부를 검증해봤을 때는 '거짓'이다.

별로 어렵지 않다. 그렇다면 이런 문장은 어떨까?

이 식당은 늘 손님이 많은 최고의 맛집이다.

'손님이 많다'는 것은 사실일 수 있지만, '최고의 맛집'이라는 것은 의견이다. 사실과 의견의 경계가 흐릿한 문장도 있다. '지구는 둥글다'처럼 과거에는 주장이었지만 현재는 사실이 된 것도 있고, 의문문이나 명령문, 감탄문, 수사적 표현처럼 애매하거나 의미가 불명확한 경우도 있다. 그래서 사실과 의견을 구분하는 것이 늘 명쾌하지만은 않다. 하지만 한국인이 이 부분에 매우 취약한 것은 '사실'이다.

OECD가 주관하는 2018년 국제학업성취도평가Programme for International Student Assessment, PISA 결과, 한국 학생들의 읽기 영역 점

수는 평균 514점으로 OECD 회원국 중 5위를 기록해 상위권에 속했다. 그러나 '사실과 의견을 식별하는 역량'을 측정한 문항의 정답률은 25.6%로, OECD 평균인 47.4%에 비해서도 상당히 낮은 수준이었으며, 석차로 보면 꼴찌였다. PISA에서는 학생들에게 유명 이동통신사 명의를 사칭한 피싱 메일을 보냈는데, 이 메일 안에는 양식에 맞게 이용자 정보를 입력하면 스마트폰을 받을 수 있다는 링크가 포함되어 있었다. 이 메일에 대해 한국 학생의 52.9%가 양식을 작성하여 보내는 것이 적절하다고 응답하였다 (OECD 평균 39.8%). 반면, 메일을 삭제하는 것이 적절하다고 답한 비율은 23.6%에 불과했다.[1]

미국과 터키는 사실과 의견을 식별하는 역량에서 OECD 평균보다 훨씬 높은 수치를 기록했다. 미국의 PISA 전체 성적은 OECD 전체에서 8위, 터키는 31위였다. 한국의 성적이 5위라는 점에서 볼 때, 한국 학생들이 특히 사실과 의견 식별에 취약하다는 점을 알 수 있다.

디지털 이용률이 높아지면서 디지털을 통해 접하는 정보의 진위 여부를 판단하는 능력이 무척 중요해졌다. 엄청나게 쏟아지는 글자와 정보 속에서 그 내용이 사실인지 아닌지, 거짓인지 참인지를 판단하는 것이 자신을 보호하는 필수 역량이 되었다. 그에

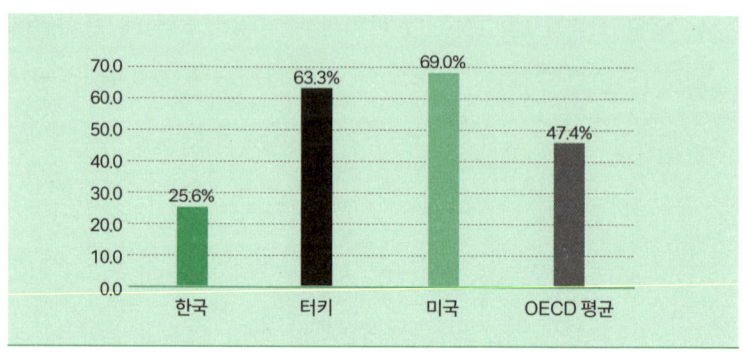

**그림 13-1 ▶** 우리나라의 PISA 순위는 세계 5위를 차지할 만큼 높지만, 사실과 의견을 식별하는 역량은 OECD 평균에도 크게 미치지 못할 만큼 취약하다. (출처: OECD)

비해 디지털 이용에 필요한 리터러시 역량을 학교에서 경험하는 경우는 많지 않다.

온라인 정보의 신뢰 여부를 결정하는 방법, 서로 다른 웹페이지를 비교하여 학업과 관련성이 높은 정보를 선택하는 방법, SNS에서 공개된 정보의 결과에 대한 이해도, 정보가 주관적이거나 편향되었는지 여부를 식별하는 방법, 피싱 또는 스팸 메일을 식별하는 방법 모두 한국 학생들의 경험과 인식 수준이 OECD 평균보다 낮았다.

성인이라고 다를까. 지금의 학생들에 비하면 성인들은 가짜 뉴스와 디지털 문해력에 대해 배운 적이 거의 없다. 그럼에도 이제까지 쌓아온 문해력을 바탕으로 살아남아야 하는 것이 성인들에

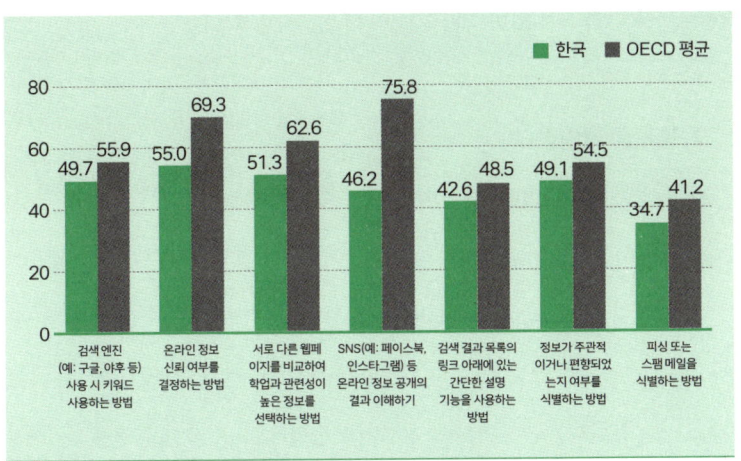

그림 13-2 ▶ 학교에서 디지털 리터러시 관련 교육을 받았는지 묻는 질문에 '받았다'고 답한 한국 학생의 비율은 OECD 평균에 미치지 못했다. (출처: OECD)

게 부여된 과제인 셈이다. 쏟아지는 다양한 정보 속에서 사실과 거짓을 구분하고 진위를 가려내는 것, 비판적 문해력이 그 어느 때보다 더 중요한 요즘이다.

## 비판적 문해력을 기르는 체크리스트

디지털 환경에서는 정보의 진위와 편향성을 판단하는 비판적 사고와 정보 평가 능력이 디지털 문해력의 핵심 요소로 꼽힌다.

이를 위해서는 다음과 같은 노력이 도움이 된다.

**1. 출처를 확인한다**

어떤 정보를 접했다면, 그 정보의 출처를 먼저 확인한다. 출처가 신뢰할 만한 기관이 아니라면 '이게 사실일까?'를 의심해봐야 한다. 출처가 확실한 곳이라도 외신 등을 인용하는 과정에서 오류가 생겼을 수 있으므로 자신에게 중요한 정보의 경우에는 팩트체크 사이트(시청자미디어재단 팩트체크 동향리포트, 국가통계포털 팩트체크 서비스, 팩트체크넷 등)를 활용해보는 것이 좋다.

**2. 의견과 사실을 구분하는 연습을 일상적으로 한다**

신문이나 방송 기사는 의견과 사실이 명확하게 드러나는 편이다. 뉴스를 읽고 뉴스 속에 나오는 모든 문장을 사실과 의견으로 구분해보자. 매일 기사 한 편씩이라도 좋다. 색이 다른 형광펜으로 표시해보면 보다 선명하게 드러난다. 그 과정에서 글의 구성도 배울 수 있다. 주장과 이유, 근거의 구조로 글을 써보는 것도 좋다. 주장이나 설득하는 글에는 반드시 사실과 의견이 포함되어야 하며, 의견을 뒷받침하는 사실이 명확하게 드러날수록 글이 탄탄해진다. 설득하는 글을 쓰는 것은 사실과 의견을 자연스럽게 구분할 수 있는 훈련이 된다. 가족끼리 대화할 때도 가능하다. 아이가 "오늘 숙제가 너무 많아"라고 하면 "그렇게 느끼는 이유는?"이라고 물음으로써 대화 중에도 사실과 의견을 구분하는 방법을 익히게 할 수 있다. 책에서 읽은 이야기로도 객관적 사실과 등장인물의 생각을 구분하는 질문을 해볼 수 있다. "주인공의 말은 사실일까, 생각일까?"라고 말이다.

### 3. 상관관계와 인과관계를 구분한다

〈당신의 문해력〉을 준비할 때 많은 사람들이 '문해력이 떨어진 이유'에 대해 물었다. 프로그램 내에서 원인을 제시하고 싶어서 '스마트폰과 문해력의 관계'에 대해 알아보기로 하고 전문가를 만났다. 전국 초3, 초6, 중3 학생 1500명을 대상으로 대규모 설문조사도 했다. 스마트폰을 가지게 된 시기와 이후 읽은 책의 권수, 독서에 대한 흥미도 등에 대해 조사했다. 조사를 하기 전에 예상했던 것처럼, 학생들이 스마트폰을 가지게 된 이후로 독서의 양과 흥미도가 떨어진 것으로 나타났다. 두 통계의 상관관계가 높은 것을 확인할 수는 있었지만, 이것을 두고 문해력이 스마트폰 때문에 떨어졌다고 말할 수는 없었다. 인과관계가 있다고 볼 수는 없었기 때문이다. 상관관계는 두 통계 사이에 연관성이 있음을 의미하는 데 그치지만, 인과관계는 정확하게 이것 때문에(이것이 원인이 되어) 다음의 결과가 도출되었음을 증명할 수 있어야 한다. 그런데 우리의 조사는 스마트폰의 사용과 문해력 하락의 관계에 대해서 변인 통제를 통해 다른 원인을 모두 제거한 결과가 아니었을뿐더러, 직접적인 원인이라고 하기에는 두 관계의 인과성을 입증하기가 쉽지 않았다. 확실한 것은 두 통계에는 '깊은 상관성이 있을 것이다'라고 추정할 수 있을 뿐이었다. 이처럼 상관관계와 인과관계는 다르다. 인과관계는 비록 아니더라도 상관관계가 높다면 유효한 변인으로 생각해볼 수 있을 뿐이다. 인과관계가 입증되었다면 이것은 사실이지만, 상관관계를 인과관계라고 주장한다면 그것은 거짓이다.

 상관관계에 대해 좀 더 생각해보자. 2개의 다른 통계가 있고 그 통계가 모두 참일 때, 두 통계가 서로 관련이 있다고 말할 수 있을까? 오른쪽 상자의 글은 유명한 경제지에 실린 내용이다.

 이 기사에서는 아이스크림을 많이 먹는 나라와 PISA 읽기 점수가 양의 기울기를 보인다고 말한다. 둘 사이에는 큰 상관관계가 있으므로 아이스크림 섭취가 지능에 도움이 된다는 것이다. PISA라는 확실한 출처에다 그래프까지 있으니 명확하게 관계가 있는 것처럼 보인다. 그러나 조금만 생각해보자. 이 기사가 아무리 각

## 아이스크림과 IQ
**아이스크림이 지능에 미치는 유익한 효과: 맛있는 상관관계**[2]

OECD의 국제학업성취도평가(PISA) 결과에 따르면 아이스크림 섭취량은 읽기 능력과 관련이 큰 것으로 나타났다. 예를 들어 호주는 1인당 연간 13리터의 젤라토를 먹는데, 호주 어린이들은 세계에서 가장 글을 잘 읽는 편에 속한다. 이렇게 큰 상관관계를 보이는 것은 이 햇살 가득한 나라뿐만이 아니다. 핀란드, 캐나다, 스웨덴은 모두 PISA 랭킹 최상위에 속하며 냉동 디저트의 열렬한 소비자들이다. 이와 정반대로 페루인들은 이 차가운 것을 평균적으로 연간 1리터 미만 섭취하고 PISA 랭킹도 최하위에 속한다. 아이스크림은 '브레인 프리즈(찬 것을 먹으면 일시적으로 두통이 생기는 현상)'의 반대 효과를 유발하는 것으로 보인다.

**아이스크림 소비량과 PISA 학업 성취도 지수(2012)**

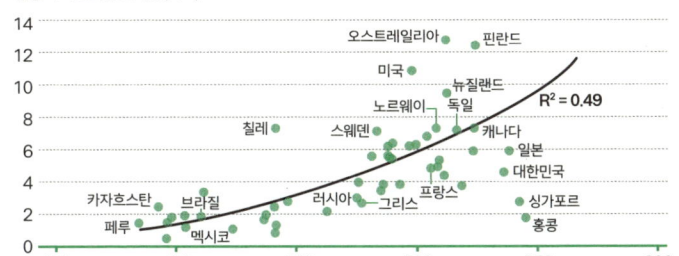

(출처: Economist.com)

종 근거를 갖다 대며 사실처럼 보이게 하더라도 조금만 생각해보면 상식적이지 않고 이상하다는 것을 알 수 있다. 아이스크림을 많이 먹는다고 해서 정말 머리가 좋아질까? 2개의 통계가 각각 사실이라고 하더라도 두 정보 사이에 밀접한 관계가 있지 않다는 것을 추론할 수 있다. 이런 것을 '허위 상관관계'라고 한다. 특히 낚시성 기사 같은 데에서 많이 쓰인다. 그럴듯해 보이기 때문이다. 우리가 모든 데이터를 하나하나 다 확인해볼 수는 없다. 직접 검증하기 어려울 때는 이렇듯 상식에 기초하여 의심해보는 것이 필요하다. 2가지 데이터가 같이 나올 경우 이게 직접적인 연관이 있는지 먼저 따져보아야 한다.

### 4. 누가 이득을 보는지 질문한다

위 기사가 만약 사실일 경우 이득을 보는 것은 누굴까? 바로 아이스크림 회사다. 광고성 기사에서 이런 식으로 글을 많이 쓰는 것은 필연적 이유가 있다. '○○ 지구 선정으로 ×× 아파트 분양대 인기' 같은 부동산 기사도 흔히 볼 수 있는데, 기사 속에 제시한 근거와 출처를 확인해보면 진위를 파악하는 데 도움이 된다. 이 기사를 통해 이득을 보는 사람이 인터뷰를 했거나 기사의 출처라면 그 내용은 우선 의심해볼 만하다. 꼭 기사가 아니더라도 마찬가지다. SNS 및 동영상 사이트에 올라온 다양한 콘텐츠에도 어떤 의도가 있을 수 있다. 그런 글과 영상을 통해 누가 이득을 보는지, 어떤 이득이 발생할 수 있는지를 생각해보아야 한다.

**5. 내가 틀릴 수 있음을 인정한다**

스마트폰 속에 SNS, 유튜브 등 개인화된 플랫폼을 타고 정보가 돌아다니는 시대다. TV와 신문 같은 레거시 미디어뿐만 아니라 개인들도 자신의 채널에서 다양한 이야기를 할 수 있고, 오히려 기존의 미디어보다 더 많이 인기를 누리는 경우도 있다. 내가 원하지 않아도 다양한 알고리즘을 타고 내게 들어오는 경우도 있지만, 분명한 것은 가짜 뉴스는 '편향성'을 타고 강화된다는 것이다. 인간은 누구나 어떤 편향을 가진다. 아무리 공명정대하게 모든 것을 판단하려고 해도, 개인의 가치관과 성장배경 등을 통해 좀 더 마음이 가는 생각이나 주장이 있을 수밖에 없다. 다만, 그 가치관을 타고 그것을 강화하기 위해 가짜의 것들이 내 마음을 파고든다는 것은 기억해야 한다. 왜곡하여 만들어낸 거짓인 사실, 사실같이 포장한 의견 등을 결국 구분해내고 세상에 대해 정확히 이해할 수 있는 것은 바로 나 자신뿐이다.

'왜?'라고 질문하기, 어떤 정보가 누구를 위한 것인지 생각해보기, 사실과 의견을 구분해서 주장을 체크해보기 등 끊임없이 생각하고 질문해보아야 한다. 만약 너무 쉽게 읽히는 주장이 있다면 반드시 꼼꼼히 짚어보기를 권한다. 내 마음속 편향이 그 주장에 동조하고 있는 것은 아닌지, 그 때문에 그 글의 모든 주장이 마치 사실과 근거처럼 느껴지는 것은 아닌지 되짚어보아야 한다. 분명한 것은 세상이 결코 균질하지 않다는 것이다. 나와 같은 생각을 가진 사람들만으로 세상이 구성될 수는 없다.

# 14 사회적 독서: 함께 읽기의 힘

## 게임에 빠진 중학생들의 책 읽기 미션

중학교 3학년인 형수는 새벽 6시에 일어난다. 스스로 알람을 맞추고, 누가 깨우지 않아도 가족 중 가장 먼저 일어난다. 잠에서 깬 형수가 향하는 곳은 바로 거실에 있는 컴퓨터다. 좋아하는 PC 게임을 하기 위해서다. 더 오랜 시간 동안 게임을 즐기기 위해서 자는 시간을 줄였다. 엄마는 형수가 책을 좀 읽기를 바라지만, 중학교 입학 이후 형수가 자발적으로 읽은 책은 한 권도 없다. 같은 학년인 준성이네는 게임 시간에 한도가 없다. 부모는 스마트폰을 뺏는 등 여러 방법을 다 써봤지만 준성이와 갈등만 커질 뿐 달라지는 것이 없었다. 준성이는 PC 게임을 하다가 지루해지면 스마트폰 게임을 하며 시간을 보낸다. 주현이는 초등학생 시절 억지로 독서 학원에 다녔다. 학원에서 선정한 책을 정해진 분량대로 읽어야 했다. 주현이는 책을 읽는 것이 숙제처럼 느껴져서 너무 부담스럽다. 독서는 재미가 없다는 말로 일갈하는 재황이 역시 책에 흥미가 없기는 마찬가지다.

책에 대한 좋은 기억이 거의 없고, 독서 습관도 없는 데다 흥미도도 낮은 중학교 3학년 남학생 4명과 함께 우리는 10주 동안 책을 읽어보기로 했다.

가장 먼저 아이들과 대형 서점에 갔다. 각자 읽고 싶은 책을 4권씩 고르라고 했다. 어떤 책이든 스스로 고른 책을 읽어야 흥미를 가질 수 있기 때문이다. 조건은 단 하나, 문제집은 제외였다. 원하는 책은 무엇이든 고를 수 있는 상황이었다. 금방 고를 거라는 예상과 달리 아이들은 1시간 넘게 서점 안을 빙빙 돌아다니며 쉬이 정하지 못했다. 재황이는 고민하다 고전소설 《홍길동전》을 골랐다. 책에 대한 정보가 많지 않다 보니 어떤 책이 좋은지 구분하기 어려워 교과서에서 본 책을 고른 것이다. 주현이는 대형 서점에 처음 와본다고 했다. 책이 너무 많은 데다 본인의 취향을 전혀 모르니 책을 선택할 수 없었다. 시작부터 난관이었다.

독서에 도무지 흥미가 없어 보이는 아이들을 위해 〈당신의 문해력〉 제작진은 한 가지 방법을 제안했다. 일주일에 한 번 책 모임을 갖되, 매번 읽을 양을 서로 합의해서 정하고 읽은 내용 중에서 각자 문제를 하나씩 출제한다. 학생들이 출제한 문제는 교사가 푼다. 이른바 '교사가 시험 보는 교실'이다. 시험을 보는 게 내가 아니라 선생님이라니, 아이들은 환호했다.

첫 번째 책 모임 날, 아이들이 심혈을 기울여 뽑은 문제 4개가 선생님 책상에 놓였다. 문제지를 받아든 선생님은 어려운 시험문제에 당황했다. 아주 지엽적이면서도 단순 암기를 요하는, 이른바 괴롭히기 유형의 문제들이었다. 예를 들어 정답의 글자 수가 15개인데 정확하게 다 써야만 정답으로 인정이 되는 그런 것들 말이다. 힘들게 문제를 풀었으나 결국 하나도 맞히지 못한 선생님은 태어나서 처음으로 0점을 받았다. 채점이 끝나고 학생들에게 출제 이유를 물으니 준성이가 싱글벙글 웃으며 답했다.

"선생님이 못 맞히시게 하려고요!"

처음에는 재미로만 접근하던 아이들이었지만 10주가 진행되는 동안 아이들의 질문은 사뭇 진지해졌다. 처음에는 줄거리와 내용에 대한 쉬운 질문들이 주를 이루었으나, 시간이 지날수록 주제와 그에 대한 자신의 생각을 주고받는 것으로 질문이 바뀌었다. 아이들은 책을 읽는 동안 지속적으로 서로의 생각을 이야기하면서 피드백했다. 교사가 문제를 몇 개 맞혔는지보다 서로의 의견을 궁금해하며 "너는 어땠어?"라고 질문하는 것을 더욱더 즐거워했다.

이제까지 학생들은 독서를 정보 습득이나 시험을 위한 암기 정도로 대했기에 그에 대해 더 깊이 생각할 여지가 별로 없었다. 그런데 '선생님이 못 풀 만한 문제를 내겠다'는 도전적이고 현실적인 목적이 생기면서 독서에 신경을 쓰기 시작한 것이었다. 문제를 내면서 학생들은 책을 읽고 이해한 내용을 바탕으로 한 어떤 결과물을 만들어내는 과정을 거치게 되었는데, 특히 중요한 것은 자신이 '질문을 하는 사람'이 된다는 점이었다. 책을 읽는 동안 비판적 질문하기가 자연스럽게 가능해진 것이었다. 이 질문이 왜 중요하고, 내가 왜 이 질문을 하는지 설명하는 시간을 갖게 되기 때문이다. 문제를 낸다는 건 결국 질문한다는 것이고, 누군가에게 물어보고 누군가의 답을 채점한다는 건 끊임없는 상호작용을 통해 타인과 소통하는 경험이 된다.

10주간의 책 모임이 모두 끝나자, 아이들은 무척 아쉬워했다. 책에 대한 흥미나 동기, 독서 습관이 거의 바닥이었던 아이들에게 벌어진 놀라운 변화였다. 뿐만 아니라 다음에도 이런 기회가 또 생긴다면 꼭 참여할 것이라고 입을 모았다. 무엇보다 "책이 재믾을 수 있구나"라는 점을 깨닫게 된 것이 함께 읽기가 가져다준 가장 큰 변화였다.

## 세계적 흐름이 된 사회적 독서

영국에서도 독서는 전통적으로 개인적인 활동에 가까웠다. 그러나 영국 역시 지속적으로 독서율이 하락하고 문해력에 문제가 생기면서 독서율을 올리기 위한 다양한 방법이 제시되기 시작했다. 그중 대표적인 것이 바로 '사회적 독서'로의 전환이다. 사회적 독서는 개인적 독서와 반대되는 의미로 사람들과 모여 소통하는 독서를 지향하는데, 대표적인 방법으로는 독서 동아리, 작가와의 만남, 함께 읽기 같은 것들이 있다. 영국에서는 2002년부터 시민단체와 도서관을 중심으로 시작되었고, 청소년기·청년기·노년기 등 연령마다 특징을 살린 4800개 이상의 사회적 독서 프로그램이 운영되고 있다.

한국 또한 2022년 개정 교육과정에서 사회적 독서를 제시하였으며, 2019년 문화체육관광부가 발표한 〈제3차 독서문화진흥 기본계획〉에서도 독서를 개인적·정서적 행위에서 사회적 행위로 전환해야 한다고 밝혔다. 사회적 독서는 구성원들 간에 텍스트를 둘러싼 각종 지식과 정보, 정서 등의 교류가 자발적으로 이루어지는 특징을 가지며,[1] 비독자가 책을 다시 읽게 하는 데도 꽤 강력한 영향력을 끼칠 수 있다.

## 실험으로 증명된 함께 읽기의 효과

한번 비독자가 되고 나면 다시 책을 읽는 것이 쉽지 않다. 할 일이 많기도 하고, 책 말고도 재미있고 자극적인 것들이 일상에서 강렬하게 유혹하기 때문이다. 책을 읽고 싶기는 해서 침대 머리맡에 책을 가져다 두어도 한번 습관을 잃어버리고 나니 잘 안 된다고 어려움을 토로하는 사람들이 많다.

고려대학교 국어교육과 이순영 교수는 비독자에게 어떤 지원이 있을 때 독자가 될 수 있는지, 어떤 방법이 가장 유효한지를 실험했다.[2] 실험 결과, 비독자에게 '참여형, 체험형, 사회적 독서 활동'의 기회가 제공될수록 독서율이 올라가고 독서 진흥의 효과가 극대화되는 것을 확인할 수 있었다. 실험은 독서 모임(사회적 독서), 독서 지원(시간 또는 도서비 지원), 독서 홍보 등 3가지 변인을 두고 이루어졌는데, 비독자의 독자 전환 및 독서율 상승폭은 독서 모임이 가장 높았다. 독서 모임에 참여했던 비독자들은 활동이 다 끝난 후에도 참가자의 84.5%가 지속적으로 책을 읽는 모습을 보였다. 오랫동안 책을 멀리했던 비독자가 다시금 독자가 된 것이었다.

참가자들은 특히 독서 모임의 구성원들이 서로에게 긍정적인 자극을 준다는 점을 장점으로 꼽았으며, 그 과정에서 '독서하는 나', '책을 통해 성장하는 나'를 발견하면서 독서의 즐거움을 느꼈다고 답했다. 이처럼 독서의 방법과 정보가 부족한 비독자에게 누군가와 함께 읽는 것은 좋은 동기부여가 된다.

## 이해도를 높이고 싶다면 협동하며 읽어라

함께 읽기는 재미뿐만 아니라 이야기의 이해 측면에서도 긍정적이다. 서울대학교 아동가족학과 최나야 교수는 아직 글자를 채 읽지 못하는 만 4세 아이들이 글 없는 그림책을 혼자 읽을 때와 친구와 경쟁하며 읽을 때, 그리고 친구와 협동하며 읽을 때 이야기 이해도가 어떻게 달라지는지 실험했다.[3]

먼저, 유아가 그림책을 읽을 때 발화한 단어 수는 협동·경쟁 조건일 때가 혼자 읽을 때보다 많았고, 탐색적·해석적·구성적 놀이 행동 또한 함께 읽을 때가 혼자 읽을 때보다 더 풍부하게 나타났다. 이는 또래와 함께 그림책을 읽을 때 서로의 말에 피드백을 제공하면서 상호작용이 촉진되고, 서로의 생각을 공유하면서 그림책 읽기에 더욱 능동적으로 반응하기 때문에 혼자 읽을 때보다 읽기 행동이 풍부하게 이뤄진 결과라고 볼 수 있다.

이야기 이해의 정도는 유아가 협동하며 읽을 때가 가장 높았다. 함께 읽더라도 경쟁하면서 읽으면 혼자 읽는 것과 이야기 이해의 정도에 차이가 없어서 함께 읽기의 효과가 나타나지 않았다. 협동 조건일 때 이야기 이해 수준이 높은 것은 상대방에게 보완적인 도움을 주는 상호작용이 활발히 나타났기 때문인 것으로 해석할 수 있다. 협동 조건에서의 또 다른 특징은 아이들이 경쟁할 때보다 역동적으로 그림을 재현하기, 유머러스한 행동, 웃기 등의 놀이 행동이 활발히 나타났다는 점이다. 이러한 놀이 행동은 이야기를 이해하려는 반응 중 하나로 이야기를 더 잘 이해하게 할 뿐만 아니라[4] 유아에게 재미와 즐거움을 주며, 이때 형성되는 긍정적인 분위기는 학습의 효과를 높이기 위한 전략이 된다.[5]

이 실험에서 함의하는 바 또한 상호작용의 중요성에 대해 생각하게 한다. 함께 읽는 동안 활발하게 상호작용이 일어날 때 더 즐겁게 책을 읽을 수 있으며 이해도 또한 더 높아질 수 있다는 것이다. 어린아이들을 대상으로 한 연구에서 결과가 이와 같다면, 인간이 본디 사회적 존재인 것과 같이 독서 행위 역시 근원적으로 사회적 행위일 수밖에 없으므로[6] 우리가 사회적 독서에 끌리는 것은 어쩌면 본능적인 것인지도 모른다.

## 우리는 연결되어 있다

사회적 독서는 개인의 독서와 공동체 사이의 연관성을 강조한다. 또한 독자가 자신이 속한 사회를 변화시키는 데 중점을 두고 독서하는 것을 말하기도 한다.[7] 사회적 독서는 상호작용을 통해 나와 타인, 사회를 연결시키고 그 연결은 사회 변화와 발전까지 이어지는데, 그와 동시에 공동체 구성원이 함께 읽음으로써 개인의 해석 능력이 신장되고 타인과 내 생각이 다를 수 있음을 알게 한다. 이를 통해 내 생각만이 옳은 게 아니라는 걸 알게 되어 타인의 생각에도 한 번 더 귀를 기울일 수 있는 가능성이 생긴다. 독서가 사회 활동이라는 말은 내가 텍스트의 세계와 정보, 이해,

감정을 주고받듯이 텍스트를 매개로 타인과도 이 과정을 함께할 수 있다는 것이다.

미국인의 '읽을 권리'를 강조하는 교사이자 교육활동가인 카림 위버Kareem Weaver는 본인의 활동을 담은 영화 〈읽을 수 있는 권리 The Right to Read〉에서 "문해력은 가장 위대한 시민의 권리다. 읽지 못한다면, 우리는 우리 사회의 어떤 것에도 접근하지 못한다"고 했다. 난독증으로 고통받는 딸 아멜리의 문제를 해결하기 위해 자신이 직접 공부하여 딸을 가르친 엄마 쉴라 살몬드Sheila Salmond 는 "문해력은 세상을 열어주는 힘이고 인간의 권리이며 사회적 정의"라고 말했다. 난독으로 일상생활은 물론 학교에서 아무것도 하지 못했던 딸이 글자를 읽을 수 있게 되었을 때 비로소 미래를 꿈꿀 수 있었기 때문이다.

읽는 것은 생각보다 어려운 작업이다. 뇌의 수많은 기능을 총동원해야 하는 고난도의 능력이 필요하기 때문이다. 문해력은 우리가 일상을 살아가고 미래를 꿈꾸며 사회 속에서 소통하기 위한 필수적인 역량으로서 읽기 능력을 통해 키워진다. 이토록 중요하고 어려운 과정을 거쳐 책을 읽고 이해하는 행위는 '기적의 협업'이라 불릴 만큼 실로 대단한 작업이다.

생각만큼 책이 읽히지 않아 고민인가? 날로 어휘가, 문해력이 떨어지는 것 같아 괴로운가? 그럼에도 매일 한 장이라도 읽으려고 노력한다면 문해력은 결코 우리를 배신하지 않는다. 후천적으로 익히는 것이기에 노력 여하에 따라 얼마든지 발전할 수 있다. 읽기를 좋아하고 즐겨보자. 재미없고 어려운 글을 읽었다면 '아, 오늘 보람차다', 재미있고 쉬운 글을 읽었다면 '아, 참 재밌다'라고 감탄하며 스스로 칭찬해보자. 평생 우리와 함께 살아갈 문해력은 떼려야 뗄 수 없는 우리 인생의 가장 큰 동지다.

**에필로그**

## 누구나 읽고 이해하고 소통하는 세상을 위해

### 학습부진아에서 영재로, 문해력이 만든 기적

초등학교 2학년인 민수는 글자를 읽고 쓰지 못했다. 1학년 2학기 때에는 정해진 시간에 알림장을 다 쓰지 못해 친구들이 모두 돌아간 후에나 겨우겨우 그림처럼 따라 그릴 수 있었다. 혼자 가방을 싸서 집으로 돌아오는 길에 눈물이 나기 시작했고, 집에 돌아와서는 할머니를 붙잡고 펑펑 울음을 쏟아냈다. 그때보다는 조금 나아졌지만 여전히 잘 읽고 쓰지 못하는 민수에게 글자를 읽지 못하는 건 어떤 거냐고 묻자 "답답한 마음"이라고 답했다.

민수는 결코 머리가 나쁜 아이가 아니었다. 글자를 잘 읽지 못하는데도 가족들과의 대화에서 익힌 단어가 무척 많았고, TV에서 한 번 본 내용은 바로 기억해서 줄줄 설명할 수 있는 정도였다. 과학 실험을 좋아하고 세상에 궁금한 것이 많은 아이였음에도 글자를 읽고 쓰지 못해 학교에서는 늘 주눅이 들었다. 선생님께 질문하고 싶었지만, 차마 물어볼 수가 없었다. 아직은 초등학교 2학년이라 어리지만 그대로 자란다면 민수는 우리가 흔히 부르는 느린 학습자, 학습부진아가 될 가능성이 높아 보였다.

앞서 말했듯이 문해력은 '빈익빈 부익부'의 특징을 가진다. 문해력이 좋은 사람과 그렇지 못한 사람의 차이는 아주 어릴 때부터 나타나고, 그 차이는 특별한 일이 없는 한 자라는 동안 더 커진다. 읽기 능력이 뛰어난 사람이 어려운 글을 더 많이 읽음으로써 문해력 발달이 '가속화'되기 때문이다. 때문에 한번 격차가 벌어지면 평균 수준을 따라잡기가 쉽지 않고, 격차를 따라잡기 위해서는 전문가의 도움이 필요하다. 같은 시기 다른 아이들의 문해력도 성장하기에, 부진한 아이는 몇 갑절 이상 빠르게 성장해야만 따라잡을 수 있다. 국제난독증협회는 아이가 초등학교 4학년 때 난독(읽기 부진 포함) 문제에 개입intervention한다면 유치원 시절보다 4배의 시간이 더 든다고 밝혔다.[1]

그런 점에서 민수는 무척 운이 좋았다. 민수의 학교에는 '읽기 따라잡기' 연수를 마친 교사가 있었기 때문이다. 읽기 부진 아이들을 위한 특별한 커리큘럼 및 연수 과정을 설계한 청주교육대학교 엄훈 교수의 제자로, 전국에 수십여 명만 있는 문해력 전문 교사였다. 민수는 전문 교사에게 8월부터 다음 해 1월까지 6개월 동안 매일 30분씩 일대일 수업을 받았다. 그런 노력과 시간이 더해져, 3학년에 올라가기 전 또래 친구들과 동등한 수준의 읽기 능력을 갖출 수 있게 되었다. 읽고 쓰는 것에 더 이상 스트레스를 받지 않게 된 민수는 "시원한 마음"이라고 표현했다.

그로부터 3년 후, 초등학교 6학년이 된 민수는 지역에서 '인문사회 영재'로 선발되어 영재반 수업을 듣고 있다. "수업이 너무 재밌다"고 말하는 민수에게 공부하는 게 좋으냐고 물었다.

"모르는 걸 알아가는 건 누구에게나 필요한 일이고, 재밌는 일이에요. 그래서 포기할 수 없는 일인 것 같아요."

호기심이 많은 민수에게 읽기 능력은 기적을 안겨주었다. 이제 민수는 원하는 것을 원하는 만큼 공부할 수 있다.

## 미국을 뒤흔든 '미시시피주의 기적'

읽기는 후천적인 능력이므로 배워서 개발할 수 있다. 그래서 어떻게 가르치는가에 따라 다른 결과를 만들어낸다. 문해력을 교육의 중심에 두고 옳은 방향으로 잘 가르치면 커뮤니티 전체의 읽기 수준을 끌어올리고 발전시킬 수 있다는 것을 증명한 사례가 미국 미시시피주에 있다.

미국에서는 2년마다 전국학업성취도평가National Assessment of Educational Progress를 치르는데, 미국 전역의 4, 8, 12학년 학생들의 수학 및 읽기 등을 평가해 결과를 공개한다. 2013년 미시시피주 학생들의 읽기 점수는 49위로 전국 꼴찌 수준이었다. 그러나 불과 6년 만인 2019년, 미국의 모든 주 가운데 유일하게 미시시피주만이 읽기 점수가 상승했고, 평가를 시작한 이래 처음으로 미시시피주 4학년 학생들의 읽기 점수가 전국 평균과 동률이 되었다. 2009년에 비해 '능숙한proficient' 수준 이상이 3개 학년 모두 늘었는데, 특히 4학년은 22%에서 32%로 상승하여 단 6년 만에 꼴찌에서 평균 수준으로 올라선 것이었다. 이런 놀라운 결과는 '미시시피주의 기적'이라 불리며 미국에서도 크게 주목받았다.

미시시피주는 미국에서 가장 가난한 주로 꼽힌다. 빈곤이 대물림되는 이곳에서 주정부는 악순환을 끊기 위해 교육개혁을 단행했다. 그 핵심에는 바로 '초기 문해력 법early literacy law'으로 불리는 '문해력 기반 진급법Literary-Based Promotion Act'과 종합적인 지원책이 있다. 이 법의 시행으로 학교는 초등 저학년의 문해력에 집중하였고, 과학적인 읽기 교육법에 기반한 교사 연수를 강화했다. 교원양성과정에서도 '초기 문해력 교육' 과목이 필수 이수 과목이 되었으며, 매년 읽기 향상 프로그램에 약 1500만 달러(한화 약 220억 원)를 투입했다. 미시시피주는 문해력 신장의 책임을 학교에 강력하게 부여하고, 교사 역량강화와 학생 개별 지원을 결합한 종합 전략을 통해 초기 문해력 향상에 성공할 수 있었다. 이는 성공 모델이 되어 여러 다른 주에서도 초기 문해력 교육에 투자하기 시작하는 효과를 불러왔다. 작은 한 주의 변화가 미국 연방 전체에 영향을 끼친 것이다.

지금도 여전히 미시시피주는 가난한 지역 중 하나이지만 학생들의 읽기 능력은 전국 평균을 유지하고 있고, 특히 저소득층 학생들의 읽기 점수는 전국의 또래 학생들을 능가한다. 그 결과, 학생들의 학업 지속률이 높아져 고등학교 졸업률이 2013년 74.5%에서 2023년 89.4%로 상승하여 사상 최고치를 기록했고, 같은 기간 고교 중퇴율은 13.9%에서 8.5%로 감소했다. 고교 졸업자 수가 증가하면서 자연스럽게 대학 진학자도 늘어, 주 내에서 수여하는 대학 학위 및 자격증의 수가 2011년 대비 30% 증가한 것으로 나타났다. 문해력이 향상됨으로써 학생들의 학업 성취와 자신감이 함께 상승하였고, 또한 더 많은 학생이 대학에 진학함으로써 더 나은 미래를 꿈꿀 수 있는 선순환이 형성되고 있다.

## 사회가 개입할 때 격차는 줄어든다

문해력 시리즈가 방송된 이후, 꽤 많은 시청자들이 EBS 홈페이지 게시판을 통해 제작진에게 문의했다. 그중에는 매우 안타까운 경우도 종종 있었다.

"아이가 중학교 2학년인데 난독이라고 합니다. 어떻게 하면 좋을까요?"
"아이가 초등학교 4학년인데 글자를 잘 못 읽어서 학교에 가기 싫어해요. 집에서 도울 방법은 없을까요?"

현재는 여러 지역 교육청에서 문해력 전담 교사를 배치하는 등 읽기 부진 극복을 위한 대책을 강구하고 있지만, 이런 노력이 가시화된 것은 얼마 되지 않았다. 이미 격차가 크게 벌어진 채 초등 고학년 이상이 된 아이들은 혼자서 오롯이 그 고통을 감내하고 있으며, 전문 교사가 없는 지역에서는 부모가 어떻게든 해결하고자 애쓰고 있다. 아이의 괴로움이나 부모의 애달픔을 충분히 이해하기에 최대한 도움이 되고자 하지만, 모두 최선의 방법이 되기는 어려운 상황이다.

문해력은 한 개인에게 평생에 걸쳐 영향을 끼친다. 자존감, 성적, 연봉, 범죄 가능성, 심지어 수명까지도 관련된다. 한번 벌어지면 따라잡기 쉽지 않지만, 후천적 능력이기에 노력한다면 얼마든지 따라잡을 수 있다. 문해력을 쌓는 데는 부모의 사회경제적 영향력보다 읽은 책의 권수가 더 영향을 끼치기 때문이다. 다만, 한번 격차가 벌어졌다면 빠르게 격차의 폭을 줄여야 의미 있는 성장을 기대할 수 있다. 방법은 꽤 명확하다. 문해력이 폭발적으로 성장하는 골든타임을 놓치지 말 것, 문해력을 확인할 수 있는 국가 수준의 검사를 제공하고 전문 교사를 통해 빠르게 개입할 것, 문해력을 쌓을 수 있는 방법을 교과서와 교육과정 전반에 반영할 것, 즉 사회 시스템이 작동해야 한다.

격차는 모든 사람이 동일한 사회경제적 환경을 가질 수 없기에 발생하는 필연적인 것이다. 격차가 어쩔 수 없는 현실이라고 하더라도 그 현실을 그대로 두는 것은 분명 잘못이다. 누구든 최소한 시작은 할 수 있도록 사회가 기회를 부여해야 한다. 문해력은 인간이 살아가기 위한 가장 기초적인 능력이자, 인생의 출발선에서 반드시 우리 사회가 개인에게 갖춰주어야 하는 필수 역량이다. 어렸을 때부터 모든 부모가 아이에게 책을 많이 읽어주고 상호작용을 해줄 수 있다면 좋겠지만, 그럴 수 없는 아이라고 해서 그냥 둘 수는 없는 것 아닌가.

 문해력이 떨어지는 것은 우리만의 고민이 아니다. 미국, 호주, 뉴질랜드, 영국, 핀란드, 아일랜드 등 세계의 많은 나라들이 문해력 증진을 위해 국가 차원의 전략을 수립하거나 교육과정에서 문해력을 핵심 역량으로 강조하고 있다. 연령별로 구체적인 대안을 내고 교육 시스템을 마련해 어렸을 때부터 문해력을 키우도록 돕고, 문해력 격차를 줄이고자 애쓰고 있다. 문해력이 타인과 소통하기 위한 중요한 도구라는 점에서 문해력 격차는 사회발전에도 큰 위협요인이 된다. 많은 나라가 문해력에 깊이 관심을 갖고 투자를 아끼지 않는 것은, 이 방법이 전 사회적으로 훨씬 더 큰 이득이 된다는 것을 알고 있기 때문이다.

 우리나라에서도 최근 문해력에 대한 관심이 늘어나면서 교육과정에서 국어과 시수를 늘렸지만, 종합적이고 체계적 대책이라고 할 만한 것은 아직 없다. 각 교육청에서 한글 습득 및 초기 문해력 교육을 위한 여러 방법을 내놓고는 있으나, 일부 과정에 불과할뿐더러 필요한 모든 아이들에게 적용되고 있다고 하기도 어렵다. 국내외 많은 연구와 실행 데이터를 통해 입증된 방법들이 많음에도 체계적인 시스템으로 자리 잡기에는 요원해 보인다. 고백하자면, 촬영하는 동안 읽지 못하는 아이들을 지켜보는 것은 꽤 고통스러웠다. 밝고 생기가 넘치는 친구들 속에서 혼자 시든 꽃처럼 주눅 든 모습을 지켜봐야 했기 때문이다. 충분히 예쁘고, 앞으로 더욱 예쁘게 자랄 수 있는 아이가 겪지 않아도 되는 상처와 고통을 지금 이 순간에도 누군가는 겪으며 견디고 있다. 이미 방법을 알고 있는데 우리는 왜 이 아이들을 지켜보고만 있는 것일까? 우리는 세계 최고의 교육 시스템을 가지고 있는데도 말이다.

읽지 않는 아이는 읽지 못하는 성인이 된다. 문제는 읽지 않고는 살아갈 수 없다는 것이다. 우리가 살아가는 세상의 많은 것들이 여전히 문자로 되어 있고 앞으로도 그럴 것이다. 때문에 읽지 못하는 아이를 최대한 빨리 돕는 것은 반드시 필요한 일이며, 이는 우리 사회의 의무이자 책임이다. '왜 우리는 읽지 않을까?', '왜 문해력이 떨어졌을까?'에 대한 분석보다 더 중요한 것은 누구든 즐겁게 읽고 이해하고 원하는 바를 표현할 수 있도록 하는 것이다. 그래야 분석이나 비판, 토론과 소통이 가능하다. 분명한 것은 격차는 반드시 줄여나가야 하는 시대적 과제라는 점이고, 문해력은 격차 그 자체이자 우리 사회의 격차를 해소할 수 있는 가장 좋은 해결책이라는 것이다. 문해력에 대한 이해와 관심을 넘어, 문해력 격차 해소를 위한 실질적인 방법 개발에 모두의 관심과 노력이 더없이 중요한 이유다.

# 주

**프롤로그: 읽기가 사라진 시대**

1  위스콘신–매디슨대학교 심리학과 교수로, 언어와 읽기에 대한 인지적·신경학적 기초에 특히 중점을 두고 연구한다. 100편이 넘는 연구논문을 발표하였고 저서로는 《Language at the Speed of Sight: How We Read, Why So Many Can't, and What Can Be Done About It》(2017)이 있다.
2  〈2023 국민독서실태조사〉, 문화체육관광부, 2023. 12.
3  〈2023년 출판시장 통계〉, 대한출판문화협회, 2024. 4.
4  〈2023년도 주류 시장 트렌드 보고서〉, 한국농수산식품유통공사, 2024. 3.
5  영어 'aliteracy'를 번역한 말로, 글을 읽을 수 있지만 자발적으로 책을 읽지 않는 상태를 뜻한다. 일종의 현대판 문맹을 뜻한다.
6  〈2023 방송매체 이용행태 조사〉, 방송통신위원회 정보통신정책연구원, 2023. 12.

**1 누구나 읽을 수 있다는 환상**

1  프랑스의 대표적인 고등교육기관이자 연구기관인 콜레주 드 프랑스College de France의 교수로 재직 중이며, 프랑스 학술원과 바티칸 과학원의 회원이다. 뇌의식에 대한 훌륭한 연구들을 진행해온 저명한 과학자이기도 하다. 주요 저서로는 《숫자 감각The Number Sense》, 《뇌의식의 탄생》, 《글 읽는 뇌Reading in the brain》, 《우리의 뇌는 어떻게 배우는가How We Learn: Why Brains Learn Better Than Any Machine》 등이 있다.
2  해스킨스 연구소는 1935년에 설립된 비영리 독립 연구기관으로 구어와 문어에 대한 기초 및 응용 연구를 수행하는 연구자들을 위한 독립적이고 국제적이며 다학제적인 커뮤니티를 지향하는 유서 깊은 곳이다. 스카보로는 2001년 그녀의 논문 〈초

기 언어 및 문해력과 이후 읽기 능력(장애)을 연결하기: 증거, 이론과 실천Connecting early language and literacy to later reading (dis)abilities: Evidence, theory, and practice〉에서 리딩 로프 모델을 소개했다.

3   Alexis Hervais-Adelman, Uttam Kumar, Ramesh K. Mishra et al., "Learning to read recycles visual cortical networks without destruction", *Science Advances*, 2019. 9. 18.

## 2 빨리, 많이 읽기를 재촉하는 사회

1   1990년대에 유행한 입체화 영상 그림으로 실제 명칭은 '오토스테레오그램autostereogram'이다. 그림과 눈 사이, 혹은 그림보다 먼 곳(뒤쪽)에 초점을 맞춰서 시선을 교차하는 등의 방법으로 입체화한 영상을 볼 수 있다.

2   Yingchen He, Gordon E. Legge, "Linking crowding, visual span, and reading", *Journal of Vision*, 2017. 9.

3   단순히 계산하면 28.42% 증가이나 log값 기반으로 분석한 뒤 역변환(back-transformation)을 해서 평균과 변화율을 계산한 결과로, 표준 통계 처리 방식에 따른 것이다. 두 번째 그룹도 같은 방식을 적용했다.

4   고정된 한 위치에서 목표 글자를 포함한 3개의 글자를 제시한 훈련을 받은 나머지 한 그룹은 분당 204개 단어에서 221개 단어로 9.2%가 향상되었으나 통계적으로 유의미하지는 않았다.

5   한치규, "속독은 급증하는 정보 소화에 큰 도움", 《매일경제》, 1981. 8. 20.

6   Roger E Bohn & James Short, *How Much Information? 2009 Report on American Consumers*, University of California, San Diego, 2009.

7   Cyrus Saihan, "BBC experiments with speed reading technologies", BBC, 2018. 8. 10. https://www.bbc.co.uk/blogs/internet/entries/13e78bfb-ba62-4e93-a30f-33c69963267a

8   시선 고정 읽기 방법을 경험해보고 싶다면 유튜브에서 '책맹인류—총균쇠 다 읽은 사람을 찾습니다'를 검색해서 나오는 영상을 보면 된다. 시선 고정 읽기 방법을 통해 10초에 80개의 단어를 읽을 수 있다. 이 속도라면 《총, 균, 쇠》를 5시간 만에 완독할 수 있다. https://youtube.com/shorts/K4UKadi9Iro?si=vyRojbJiYmucAtsN

## 3 쉽게 간과하는 문해력의 본질, 빈익빈 부익부

1 Colleen M. Schneck & Anne Henderson, "Descriptive Analysis of the Developmental Progression of Grip Position for Pencil and Crayon Control in Nondysfunctional Children", *American Journal Occupational Therary*, 1990. 10.
2 Jeni Riley, *The Teaching of Reading: The Development of Literacy in the Early Years of School*, SAGE Publication Ltd, 1996.
3 엄훈, 〈초등학교 저학년 읽기 발달 양상 연구: 해부호화 능력을 중심으로〉, 《한국초등국어교육》, 한국초등국어교육학회, 2011. 1.
4 Barbara R. Foorman, David J. Francis, Jack M. Fletcher, Christopher Schatschneider, Paras Mehta, "The role of instruction in learning to read: Preventing reading failure in at-risk children", *Journal of Educational Psychology*, 1998.
5 Keith E. Stanovich, "Matthew effects in reading: Some Consequences of Individual Differences in the Acquisition of Literacy", Reading Research Quarterly, 1986. 9.

## 4 '책 읽기는 재미없어요'라는 말에 숨겨진 진실

1 Jakob Nielsen, "F-Shaped Pattern For Reading Web Content", Nielsen Norman Group, 2006. 4. 16.
2 Don Tapscott, *Grown up digital: how the net generation is changing your world*, McGraw Hill, 2008.
3 Nicholas Carr, *The Shallows: what the internet is doing to our brain*, W. W. Norton & Company, 2010. (니콜라스 카 지음, 최지향 옮김, 《생각하지 않는 사람들》, 청림출판, 2020)
4 김주환, 〈디지털 읽기가 독해 과정에 미치는 영향에 대한 이론적 검토〉, 《한국어문교육》, 고려대학교 한국어문교육연구소, 2020. 1.
5 Cary Stothart et al, "The Attentional Cost of Receiving a Cell Phone Notification", *Journal of Experimental Psychology: Human Perception and Performance*, 2015. 6.
6 Henry H. Wilmer et al, "Smartphones and Cognition: A Review of Research Exploring the Links between Mobile Technology Habits and Cognitive Functioning", *Frontiers in*

*Psychology*, 2017. 4.

7 Mohd Asif & Saniya Kazi, "Examining the Influence of Short Videos on Attention Span and its Relationship with Academic Performance", *International Journal of Science and Research*, 2024. 4.

8 Rose Horowitch, "The Elite College Students Who Can't Read Books", *The Atlantic*, 2024. 10.

9 Sonya Gugliara, "Elite colleges where students can't cope with strain of reading an entire book: 'My jaw dropped'", *Daily Mail*, 2024. 10.

10 Cyrus Moulton, "Why attention spans seem to be shrinking and what we can do about it", *Medical Press*, 2024.

11 김태연, 〈읽기매체의 종류와 전자책의 자극 유형에 따른 유아의 주의집중 뇌파와 이야기 이해〉, 서울대학교 대학원 박사학위논문, 2013.

## 5 소리 내어 읽기를 무시한 대가

1 미국정신의학협회(American Psychiatric Association, APA)에서 발간한 DSM-5 정신 질환 진단 및 통계 매뉴얼(Diagnostic and Statistical Manual of Mental Disorders 5번째 개정판).

2 'b'와 'd'를, 'ㅏ'와 'ㅓ'를 혼동한다거나 'ㄱ'을 'ㄷ'와 같이 거울에 비친 것처럼 거꾸로 쓰는 경우는 글자를 배우기 시작한 아이들에게 충분히 발생할 수 있는 일이다. 그런 경우가 있다고 해서 꼭 난독증이라 이야기할 수는 없지만, 이런 경우가 일정 연령 이상에서도 반복적이고 지속적으로 생긴다면 주의 깊게 봐야 한다.

3 Margaret J. Snowling, *Dyslexia: A Very Short Introduction*, Oxford University Press, 2019.

4 Sally Shaywitz, *Overcoming Dyslexia* (2020 Edition), Vintage, 2005.

5 Sung Jun Joo, Kambiz Tavabi, Sendy Caffarra, Jason D. Yeatman, "Automaticity in the reading circuitry", *Brain and Language*, 2021. 3.

6 "Why aren't kids being taught to read?", *APM reports*, 2018. 9. 10.
"Why are we still teaching reading the wrong way?", *The New York Times*, 2018. 10. 26.

7 "Teaching Children to Read: An Evidence-Based Assessment of the Scientific Research Literature on Reading and Its Implications for Reading Instruction", *National Reading Panel*, 2000. 4. 위원회에서는 여러 연구 결과를 바탕으로 균형적 접근법의 맹점을

지적하고, 균형적 접근법의 기반에 있는 총체적 언어 접근법이 읽기 능력을 저해하는 습관을 기르게 하고 문자를 기억하는 뇌의 효과적인 처리 과정을 방해한다는 의견을 냈다. 이는 읽기가 자연스러운 과정이 아니고, 알파벳 원리를 배우는 것과 문자 노출 빈도는 비례하지 않으며, 말하기와 쓰기의 성격이 매우 다르다는 점 등을 고려한 결과라고 한다.

## 6 유튜브로 배운 지식, 뇌는 차이를 알고 있다

1 〈한국인 안드로이드와 iOS 스마트폰 사용자 표본 조사〉, 와이즈앱·리테일, 2024년 12월 기준.
2 아이지에이웍스 모바일인덱스, 2024년 12월 기준.
3 아이지에이웍스 모바일인덱스, 2024년 5월 기준. https://www.donga.com/news/Society/article/all/20240627/125647459/1
4 〈한국인 안드로이드 사용자와 iOS 스마트폰 사용자 표본 조사〉, 와이즈앱·리테일·굿즈, 2021년 1월 기준. https://www.wiseapp.co.kr/insight/detail/36
5 근적외선을 이용해 뇌에서의 산소포화도를 측정하여 기능적 진단에 응용하는 기술. 뇌 안에서 어떤 기능을 위해 특정 부위의 활동성이 높아지면 그 부위에서 필요로 하는 혈류량도 증가한다. 이를 통해 뇌의 어떤 부위가 얼마나 활동적인지를 확인할 수 있다. fMRI처럼 강한 자기장을 발생하는 장치에 들어갈 필요가 없으며, 훨씬 간단하고 간편하며 저렴한 장치를 착용한 상태에서 다른 활동을 하면서도 측정할 수 있다. 언어활동과 같은 주의와 집중을 요하는 실험에 쉽게 사용 가능하다.
6 Robert A. Bjork, "Institutional Impediments to Effective Training", *Learning, Remembering, Believing: Enhancing Human Performance*, Washington DC: National Academy Press, 1994.
7 벳시 스패로Betsy Sparrow(컬럼비아대학교), 제니 류Jenny Liu(위스콘신-메디슨대학교) 및 대니얼 M. 웨그너Daniel M. Wegner(하버드대학교)가 2011년에 발표한 논문 "Google Effects on Memory: Cognitive Consequences of Having Information at Our Fingertips"에서 처음 소개된 개념이다.

## 7 배경지식보다 질문이 중요하다는 착각

1 송성민 외, 〈지식 중심 법 교육 수업의 재발견: 법의식에 어떤 영향을 미칠까?〉, 《법교육연구》, 2024.
2 법 효능감은 법을 지키는 데 있어 개인이 느끼는 자신감이나 신념의 수준을 말하며, 실제로 법을 지키는 마음가짐이라고 볼 수 있다. 본 조사에서는 학습자의 법 관련 사고와 태도를 확인하기 위해 '행동적 법의식'을 알아보고자 하였고, 그중 하나로 법 효능감을 분석하였다.
3 Donna R. Recht & Lauren Leslie, "Effect of Prior Knowledge on Good and Poor Readers' Memory of Text", *Journal of Educational Psychology*, 1988.
4 챗GPT 3.0 시절의 일이다.

## 8 어휘 격차가 불러온 심각한 현실

1 김광해, 〈어휘력과 어휘력 평가〉, 《선청어문》, 25, 서울대학교 국어교육과, 1997. 어휘력은 영어의 'vocabulary'를, 어휘 능력은 'lexical competence'를 말한다. 어휘력은 학습자가 학습을 통해 보유하게 된 단어의 양, 즉 어휘에 관한 양적인 능력을 가리키는 개념이고, 어휘 능력은 '어휘를 이해하고 구사하는 데 관련된 일체의 능력'이라는 뜻으로 어휘에 관련된 질적인 능력이라는 뜻을 함의한다.
2 유철우, 〈학문 목적 한국어 학습자의 어휘력과 읽기 능력의 상관관계 연구〉, 《국어교육연구》, 서울대학교 국어교육연구소, 2020. 12.
3 Callula Killingly, Linda J. Graham, Haley Tancredi, "Reciprocal relationships among reading and vocabulary over time a longitudinal study from grade 1 to 5", *Reading and Writing*, Queensland University of Technology, 2024.
4 Betty Hart & Todd R. Risley, "The Early Catastrophe: The 30 Million Word Gap By Age 3", *American Educator*, Spring 2003.
5 국립국어원, 《2022 숫자로 살펴보는 우리말》, 국립국어원, 2022.

## 9 동기: '읽어야 한다'가 '읽고 싶다'로 바뀌는 순간

1 이순영 외, 〈읽는 사람 읽지 않는 사람: 함께 읽는 2018 책의 해 독자 개발 연구 보

고서〉, 2018 책의 해 조직위원회 문화체육관광부.
2   이순영 외, 〈청소년 독자·비독자 조사 연구〉, 한국출판문화산업진흥원, 2019.
3   전연재, 이시영, 〈부모의 사회경제적 지위 및 양육 태도가 자녀의 문해력에 미치는 영향: 독서 행태와 디지털 기기 사용 행태의 매개효과를 중심으로〉, 《청소년학연구》, 2023.
4   정혜원 외, 〈청소년의 읽기 소양과 삶의 만족도의 영향 변인 탐색: PISA 2018 한국 핀란드 국제 비교〉, 《교육과정평가연구》, 2021.

## 10 보상: 무엇을 주는 게 가장 효과적일까

1   J. T. Guthrie, A. Wigfield, Engagement and motivation in reading, *Handbook of Reading Research*, 2000.
2   Edward L. Deci et al, Facilitating Internalization: The Self-Determination Theory Perspective, *Journal of Personality*, 1994.

## 11 레벨: 난이도가 아닌 자존감을 올려라

1   엄훈, 《학교 속의 문맹자들》, 우리교육, 2012.
2   이성영, 〈초등 교과서의 이독성 비교 연구: 국어, 사회, 과학 교과서를 중심으로〉, 《국어교육학연구》, 2011.
3   한국에는 여러 이독성 지수가 개발되어 있는데, 이 연구에서는 (주)낱말이 만든 LQ(Lecito Quotient) 지수를 통해 분석했다.
4   Paul Nation, *Learning Vocabulary in Another Language*, Cambridge University Press, 2001.
5   Matthew Stanovich, Effects in Reading: Some Consequences of Individual Differences in the Acquisition of Literacy, *Reading Research Quarterly*, 1986.

## 12 상호작용: 문해력은 홀로 만들어지지 않는다

1   Patricia K. Kuhl, "Is speech learning 'gated' by the social brain?", *Developmental science*, 2007.
2   Adriana Weisleder and Anne Fernald, "Talking to Children Matters: Early Language Experience Strengthens Processing and Builds Vocabulary", *Psychological Science*, 2013. 11.

3 고언숙, Margarethe McDonald, Not all input is equal: the efficacy of book reading in infants' word learning is mediated by child-directed speech, NeurIPS 2020, Baby Mind workshop, 2020.

## 13 디지털 문해력: 정보과잉 시대의 강력한 무기

1 PISA, 〈PISA 21세기 독자: 디지털 세상에서의 문해력 개발〉, OECD, 2021.
2 https://www.economist.com/graphic-detail/2016/04/01/ice-cream-and-iq

## 14 사회적 독서: 함께 읽기의 힘

1 백희정, 〈사회적 독서 공간으로서 '북튜브'의 활용 가능성과 읽기 교육 방향 탐색〉, 《한국초등국어교육》, 2023.
2 이순영 외(고려대학교 산학협력단), 〈비독자 대상 독서 유인사업 설계 및 실험 연구〉, 한국출판문화산업진흥원, 2024.
3 최나야, 최지수, 〈유아의 글 없는 그림책 읽기 반응과 이야기 이해: 또래와의 협동과 경쟁 읽기 비교〉, 《아동학회지》, 2020.
4 Kelly Moedt, Robyn M. Holmes, The effects of purposeful play after shared storybook readings on kindergarten children's reading comprehension, creativity, and language skills and abilities, *Early Child Development and Care*, 2020.
5 엄정애, 〈놀이와 유아교육: 그 조화의 방향과 탐색〉, 《열린유아교육연구》, 2001.
6 서혁, 〈독서 사회의 변화와 새로운 독서 교육: 독서 환경의 변화와 교육적 대응을 중심으로〉, 《독서연구》, 2023.
7 천경록, 〈사회적 독서와 비판적 문식성에 대한 고찰〉, 《새국어교육》, 2014.

## 에필로그: 누구나 읽고 이해하고 소통하는 세상을 위해

1 국제난독증협회International Dyslexia Association 홈페이지.

문해력 격차

초판 1쇄 발행 2025년 5월 30일
초판 4쇄 발행 2025년 10월 20일

**지은이** 김지원, 민정홍
**발행인** 김형보
**편집** 최윤경, 강태영, 임재희, 홍민기, 강민영, 박지연, 김아영
**마케팅** 이연실, 김보미, 김민경, 고가빈  **디자인** 김지은, 박현민  **경영지원** 최윤영, 유현

**발행처** 어크로스출판그룹(주)
**출판신고** 2018년 12월 20일 제 2018-000339호
**주소** 서울시 마포구 동교로 109-6
**전화** 070-5080-4037(편집) 070-8724-5877(영업)  **팩스** 02-6085-7676
**이메일** across@acrossbook.com  **홈페이지** www.acrossbook.com

ⓒ 김지원·민정홍 2025

ISBN 979-11-6774-209-4 03000

- 잘못된 책은 구입처에서 교환해드립니다.
- 이 책은 저작권법에 따라 보호를 받는 저작물이므로 무단 전재와 무단 복제를 금지하며, 이 책의 전부 또는 일부를 이용하려면 반드시 저작권자와 어크로스출판그룹(주)의 서면 동의를 받아야 합니다.

**만든 사람들**

**편집** 최윤경  **교정** 이진숙  **표지디자인** 디스커버  **본문디자인** 송은비  **조판** 박은진